FESTLICHES SCHWEIZER GEBÄCK

CLAUDIA SCHNIEPER
PETER JARAY

MONDO-VERLAG

FESTLICHES SCHWEIZER GEBÄCK

Rezepte und Traditionen aus allen Kantonen

INHALT

EINFÜHRUNG

AUSFLÜGE INS SCHLARAFFENLAND – *Geschichten von Schlemmereien, die Geschichte machten* 6-11

NIDWALDNER NEUJAHRSFISCH – *Am ersten Tag des neuen Jahrs erhielten die Patenkinder einen Fisch aus Lebkuchen* 12-15

DREIKÖNIGSKUCHEN – *Ein königliches Gebäck, das den drei Weisen aus dem Morgenland vorzüglich schmecken würde* 16-19

TESSINER BROTTORTE – *Sie erzählt Geschichten von Reben, Mühlen, Kastanienselven und Schokoladefabriken* 20-23

AARGAUER RÜEBLITORTE – *Ein berühmtes Beispiel der Kunst, den Alltag mit etwas Phantasie zum Festtag zu machen* 24-27

GLARNER PASTETE – *Für diese raffinierte Torte würde der heilige Fridolin noch einmal in den «Zigerschlitz» wandern* 28-31

ZUGER CHROPFE – *Krapfen, die Verlobte und Verliebte Sängerinnen und Musikanten an der Alten Fasnacht spenden* 32-35

BACHESCHNITTE – *Wenn Gidio Hosenstoß bestattet wird, trösten sich die Herisauer mit gebackenen Leckerli* 36-39

ZÜRI-TIRGGEL – *Die eleganten Dünnen, die auf der Zunge schmelzen wie Schnee in der warmen Frühlingssonne* 40-43

BERNER OSTERFLADEN – *Bunt gefärbte Eier, der hausgemachte Kuchen und Spiele gehören zum Emmentaler Osterfest* 44-47

URNER DITTIRING – *Der mit Anis gewürzte, magische Kreis, der Bergler vor Unheil schützt und Kinderherzen erfreut* 48-51

SCHLAATEMER RICKLI – *Ein symbolträchtiges Hochzeitsgebäck, so fest verknotet, süß und delikat wie die ehelichen Bande* 52-55

THURGAUER APFELTORTE – *Ein Kuchen, der vom Rittertum und Obstbau in der Nordostschweiz berichtet* 56-59

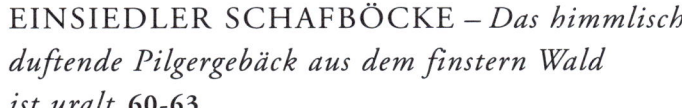

EINSIEDLER SCHAFBÖCKE – *Das himmlisch duftende Pilgergebäck aus dem finstern Wald ist uralt* 60-63

TAILLAULE NEUCHÂTELOISE – *Die traditionelle Neuenburger Brioche fürs festliche Bankett und den süßen Alltag* 64-67

FREIBURGER BRICELETS – *Die mit Doppelrahm gefüllten, knusprigen Bretzeln adeln das legendäre Bénichon-Menü* 68-71

SANKT-GALLER KLOSTERTORTE – *Ein altes Rezept aus der Backstube der ehemaligen Benediktinerabtei an der Sitter* 72-75

ENGADINER NUSSTORTE – *Das Meisterwerk der Bündner Zuckerbäcker entzückte den Dogen von Venedig* 76-79

MUNDER SAFRANGUGELHOPF – *Die Königin der Gewürzpflanzen ist eine waschechte Walliserin geworden* 80-83

BASLER LÄCKERLI – *Die leckeren Lebküchlein, die geistlichen und weltlichen Schleckmäulern gleichermaßen schmecken* 84-87

AMBASSADORENBÄNZ – *Ein Schweizergardist aus der Barockstadt Solothurn, der mit dem Säbel rasselt* 88-91

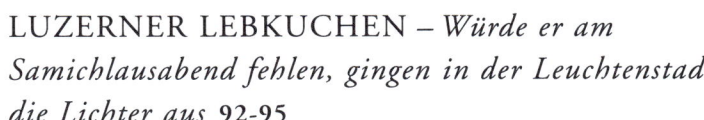

LUZERNER LEBKUCHEN – *Würde er am Samichlausabend fehlen, gingen in der Leuchtenstadt die Lichter aus* 92-95

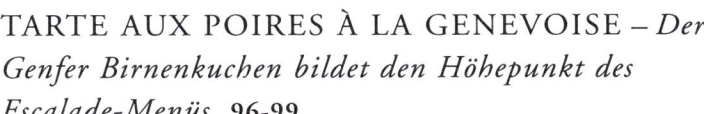

TARTE AUX POIRES À LA GENEVOISE – *Der Genfer Birnenkuchen bildet den Höhepunkt des Escalade-Menüs* 96-99

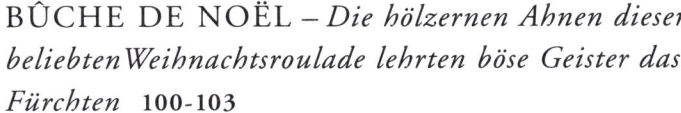

BÛCHE DE NOËL – *Die hölzernen Ahnen dieser beliebten Weihnachtsroulade lehrten böse Geister das Fürchten* 100-103

ANHANG

GUT GEMISCHT, GERÜHRT UND GEKNETET – *Feine Grundrezepte für gelungenes Festgebäck* 104-105

WÜRZEN, SCHÄRFEN, LOCKERN – *Aromatische und treibende Ingredienzen aus alten und neuen Backstuben* 106-107

AUSFLÜGE INS SCHLARAFFENLAND – *Geschichten von Schlemmereien, die Geschichte machten*

Zu Gotthelfs Zeiten gab es im hügeligen Emmental wie anderswo im Schweizerland habliche Bauern, bei denen sich an Festtagen die Tische bogen: Man ließ es an nichts fehlen und tischte auf, was Feld, Stall, Keller und Speicher an Genießbarem zu bieten hatten. Die vom Schriftsteller und Pfarrer im bernischen Lützelflüh anschaulich beschriebenen Mahlzeiten erinnern zuweilen an das Märchen vom Schlaraffenland, wo es Honig regnet, Zucker hagelt, die Häuser aus Kuchen und die Berge aus süßem Pudding sind, durch die man sich hindurch essen muss. In *Uli der Pächter* demonstriert Vreneli ihrem künftigen Mann stolz, welche Wunder Frauenfleiß bewirkt, wenn der Meister sie gewähren lässt:

«‹Komm!› rief Vreneli schalkhaft. ‹Base, seht zur Pfanne!› und sprang die Kellertreppe hinab, dass Uli folgen musste, er mochte wollen oder nicht. Weit sperrte Vreneli die Kellertüre auf, und drinnen auf dem üblichen Tische sah er mit großem Erstaunen Berge von Küchlein von allen Sorten. ‹Sieh, hier diese sind für diesen Abend, diese für morgen mittag, jene dort für nach Hause zu geben, und für Unbestimmtes backen wir noch, man weiß nie, was es geben kann. Was meinst, haben wir genug?› Ganz verstaunet stund Uli vor den hohen Türmen, machte Augen wie Pflugsräder, und doch konnten sie das Wunder nicht fassen; fast wäre er davongelaufen, weil er dachte, dieser Segen könne nur durch den Rauchfang heruntergekommen sein; endlich sagte er: ‹Gott behüt uns davor! Woher dies alles und soviel Bettler!›»

SAURE WOCHEN! FROHE FESTE!

Angesichts der Berge von Fettgebackenem ereilte den rechtschaffenen Knecht Uli das schlechte Gewissen: So viele Arme, die kaum etwas zu Beißen hatten, und hier schwamm man im Überfluss! In der ersten Hälfte des 19. Jahrhunderts, vor der Technisierung der Landwirtschaft, war das Bauernleben von Gegensätzen geprägt. Bei den betuchten Landwirten aß man gut und genug, ihre Keller und Speicher waren stets gefüllt, der Hausgarten mustergültig bestellt, und das Vieh lieferte Milch, Butter, Rahm und Käse. Anders sah es bei den Taglöhnerfamilien aus, die von der Hand in den Mund lebten: Ihre Alltagskost war karg und eintönig, und es war schon ein Fest, wenn es ausnahmsweise ausreichend von den einfachen Dingen wie Brot und Milch gab.

Standesunterschiede gab es ebenfalls in den Städten, und es war hier für die einfachen Leute noch schwieriger, sich und die Ihren zu ernähren, da sie oft weder über Gemüsegärten noch Kleinvieh verfügten. Von den raffinierten Genüssen reicher Bürger und Adliger konnten sie nur träumen.

Ob arm oder reich: In den ländlich-bäuerlichen Familien wurde früher allgemein einfacher als heute gegessen. Bis die Kartoffel im 18. Jahrhundert den Weg in die Schweizer Kochtöpfe fand, bildete Getreidebrei die Hauptnahrung. Ergänzt wurde das alltägliche «Mus» durch etwas gepökeltes oder getrocknetes Fleisch, eingesalzenes Gemüse und gedörrtes Obst sowie Milchprodukte. Die Armen sparten, und die Reichen wirtschafteten, um an Sonn- und Festtagen etwas Besonderes aufzutischen. Letztere boten der Hausfrau Gelegenheit, die Familie, Nachbarn und Bekannte zu verwöhnen und zu beeindrucken. Dies gelang ihr besonders gut mit den süßen Küchlein und Kuchen, die den Schmaus krönten. Die eingesottene Butter, der dicke Rahm, das feine Mehl, die Eier, der Honig, die eingemachten und gedörrten Früchte, die frischen Beeren, die Nüsse, der Schnaps – das alles stammte vom eigenen Grund und Boden oder aus den nahen Wäldern. Man musste wenig dazukaufen, ein paar exotische Gewürze, Zitronat, Triebmittel oder Zucker, und konnte deshalb verschwenderischer sein, als es den meisten Städtern möglich war. Im Berggebiet war die Alltagsküche noch einfacher als bei den Bauern im Mittelland und in den Voralpen. Holz war ein kostbares Gut, das nicht beliebig geschlagen werden durfte, da die Wälder außer Wärme Schutz boten (und bieten). Der öffentliche Backofen wurde häufig bloß zwei-, dreimal im Jahr eingefeuert, um Brot auf Vorrat zu backen. Anschließend schoben die Frauen ihre vorbereiteten Kuchen in den noch heißen Ofen, so dass die anstrengenden Backtage immer auch Festtage waren. Ansonsten genoss man wie andernorts in Schmalz Gebackenes, das vorwiegend in der kalten Jahreszeit und insbesondere während der Fasnacht beliebt war; auch die dazu gereichte energiereiche Nidel wärmte den Körper auf angenehme Art und Weise noch einmal von innen gehörig auf. Denn an Aschermittwoch begann für die Katholiken die Fastenzeit, die mageren Tage und Nächte bis Ostern.

RELIGIÖSE GENÜSSE

Die kirchlich verordneten Fastenzeiten wurden ursprünglich zweimal jährlich eingehalten: 40 Tage vom 11. November, dem Martinstag, bis Weihnachten sowie 40 Tage vor Ostersonntag. Für die Gläubigen war es hart, so lange auf Fleisch, sämtliche Milchprodukte (auch Butter), Eier und Wein zu verzichten, denn die Häuser waren schlecht geheizt und die Arbeiten in Feld und Wald anstrengend.

Begreiflich, dass sich die Menschen vorher noch einmal mit der fetten Martinigans und den Schmalzküchlein richtig sattessen wollten. Die kalorienreichen Schlemmereien bildeten den lustvollen Auftakt zur körperlichen und seelischen Kasteiung.

Besonders die österliche Fastenzeit bot auch praktische Vorteile, gingen doch die Vorräte in der zweiten Winterhälfte zur Neige. Die religiösen Askeseübungen bewahrten die Christen vor noch schlimmeren Hungerzeiten, denn bis zur neuen Ernte dauerte es noch lange, und es war klug, die Reserven nicht allzu rasch zu verzehren. So lagerten die Bäuerinnen die wenigen Eier, die die Hühner normalerweise im Winter legen, im kühlen Keller oder salzten sie ein. Die Töpfe füllten sich derweil mit Butterschmalz, und die Magermilch wurde verkäst. Es gibt zahlreiche Erklärungen für den volkstümlichen Brauch, an Ostern Eier bunt zu färben und massenhaft zu verspeisen. Abgesehen davon, dass das Ei ein Symbol für die Erneuerung ist, lag es auf der Hand, den Eiervorrat so rasch als möglich aufzuessen, wollte man ihn nicht den Schweinen und Hühnern vorwerfen. Reich an Eiern ist darum auch das Ostergebäck, seien dies goldgelbe Wecken, Zöpfe oder süße Osterfladen. Die Kirche hat ihre Schäfchen

Die anstrengende Getreideernte von Hand versüßte man sich durch Gesang und gesellige Mahlzeiten im Freien.

Brot und anderes Gebäck aus dem altertümlichen Holzofen wird wieder geschätzt, weil es besonders gut schmeckt.

durchaus nicht nur zum Verzicht ermahnt, im Gegenteil, auch zahlreiche andere religiöse Feiern außer Ostern waren mit kulinarischen Genüssen verbunden. Backwaren spielten im Christentum ursprünglich vor allem in Form von Brot eine wichtige Rolle: Die mit religiösen Motiven verzierten sogenannten Gebildebrote, die im Lauf der Zeit mit Rosinen, Zucker usw. angereichert wurden, entwickelten sich mancherorts – zum Beispiel in den Kantonen Freiburg und Appenzell – zu dekorativen Spezialitäten, die noch heute geschätzt sind. Die Honigkuchen- und Anisbäckerei wurde im Spätmittelalter eine Domäne der Frauenklöster. Die Gebäckmodel aus Holz oder Ton mit filigranen Darstellungen biblischer Szenen wurden entweder in den Klöstern gefertigt oder aus Oberitalien und dem süddeutschen Raum importiert. Das dekorative Backwerk wurde das ganze Jahr über gekauft und gehörte zu den beliebtesten Mitbringseln der Wallfahrer. In der Barockzeit wurden die Motive mit Wappen, Blumen, Fabeltieren sowie höfischen und romantischen Sujets weltlich – die Liebe wurde zum populärsten Modelmotiv. Im Milchland Schweiz erreichten die Buttermodel mit ähnlichen, aber vorzugsweise ländlichen Darstellungen im 18. und 19. Jahrhundert ihre Hochblüte.

FREMDE EINFLÜSSE

Bereits die Mesopotamier und die Ägypter sollen Brot- und Kuchenteig in Model gepresst haben, um dem Backwerk ein besonderes Gepräge zu verleihen. Auf welch verschlungenen Wegen dieser Brauch in den Alpenraum gelangte, ist nicht mehr nachvollziehbar. Indes ist anzunehmen, dass die Römer, die unsere Vorfahren viele schöne und nützliche Dinge lehrten und zu wissen glaubten, wie man «das Volk» zufriedenstellt, nämlich mit Brot und Spielen, auch die helvetische Backkunst modernisiert hatten: In den römischen Städten gab es nicht nur Bäckereien, sondern seit dem

2. Jahrhundert v. Chr. auch die ersten Bäckerzünfte, die über die Rechte und Pflichten des Gewerbes wachten. Und da die Römer sich nicht mit Weizen- und Gerstenbrötchen abspeisen ließen, sondern auf Süßspeisen scharf waren, gehörten Kuchen und Törtchen zu ihren beliebtesten Naschereien.

Später gelangte die Konditorkunst der Araber über Spanien nach Westeuropa: Aus der Halwa genannten Paste aus Honig, Sesam und Nüssen wurde der Nougat; ihr mit Honig getränktes, feinblättriges Gebäck inspirierte zum Blätterteig; sie lieferten Zitronat, Orangeat und Rosenwasser sowie zahlreiche exotische Gewürze. Die Muselmanen kontrollierten jahrhundertelang den Gewürzhandel zwischen dem Orient und Nordafrika, indem sie ihre Bezugsquellen geheimhielten und Händler, die es ihnen gleichtun wollten, mit furchterregenden Räubergeschichten abschreckten. Umgekehrt brachten christliche Kreuzfahrer seit Ende des 11. Jahrhunderts orientalische Gewürze – Pfeffer, Muskat, Zimt, Gewürznelken und Kardamom usw. –, Speisen und Rezepte aus dem Vorderen Orient in ihre Heimat. Die neuen Gewürze, die als Heilmittel in Küche und Backstube Verwendung fanden, waren begehrt und kostspielig. Der Handel blühte und trug Hafenstädten wie Genua und Venedig sagenhaften Reichtum ein. Mit wachsendem Angebot sanken die Preise auf ein Niveau, das es auch wohlhabenden Bürgern erlaubte, sich mit den betörend duftenden Köstlichkeiten einzudecken. Man prunkte mit Gewürzen, veredelte mit ihnen sämtliche Gerichte nach dem Motto «Je mehr, desto besser». Die Würzwut hatte vermutlich auch den Zweck, den Hautgout des nicht immer frischen Fleisches zu überdecken.

Auf welchem Weg der Leb- oder Gewürzkuchen in die Schweizer Backstuben gelangte, ist ungewiss. Man nimmt an, dass er ebenfalls mit den Kreuzfahrern nach Europa kam: Seit dem 11. Jahrhundert ist der Lebkuchen in Italien, Frankreich, Holland, Belgien, England und Deutschland nachgewiesen. Das Wort Lebkuchen stammt vermutlich vom lateinischen *libum* (Fladen, Opferkuchen) und vom althochdeutschen *lib* (Leben), was darauf hindeutet, dass man diesem Backwerk aus Honig, Mehl und Gewürzen heilkräftige, lebensverlängernde Wirkungen zuschrieb. In den Klosterbäckereien wurden Lebkuchenrezepte entwickelt, die man wie den eigenen Augapfel hütete. Die Tatsache, dass in der Ostschweiz lebkuchenartige Spezialitäten auf eine lange Tradition zurückblicken können, lässt darauf schließen, dass die Sankt Galler Mönche sich schon früh die Fastenzeit mit dieser Leckerei versüßt hatten. Anfang des 16. Jahrhunderts segelten spanische Conquistadores über den Ozean und wurden von den Azteken in Mexiko mit einem eher bitter schmeckenden Trunk aus Kakaobohnen und Vanille empfangen. Auch in Europa begann die Schokolade ihren Siegeszug als Arznei, die gegen Fieber, Brust- und Bauchschmerzen verschrieben wurde. 1697 brachte der frankophile Zürcher Bürgermeister Heinrich Escher die damals noch sehr teure Schokolade in die Schweiz; doch 1772 wurde ihr Konsum vom Zürcher Stadtrat verboten, da sie als Aphrodisiakum galt und folglich für tugendhafte Menschen unpassend schien. Die Zwinglianer konnten den Siegeszug der Schweizer Schokolade jedoch nicht aufhalten: Verfeinerte Rezepturen sowie maschinelle Produktion und damit auch sinkende Preise ließen die Nachfrage enorm steigen.

Für die Schweizer Küche spielte auch das Söldnerwesen eine wichtige Rolle. Die jungen Eidgenossen, die sich vom späten 15. bis ins 17. Jahrhundert in fremde Kriegsdienste begaben, vor allem nach Italien und Frankreich, hatten im Ausland nicht nur gekämpft, sondern auch gegessen und getrunken. Ihre diesbezüglichen Erfahrungen gaben die Rückkehrer den Daheimgebliebenen weiter. Obwohl der sprichwörtliche Bauer nur frisst, was er kennt, sind in der Küche unserer Ahnen südländische Spuren deutlich erkennbar. Neben den Zuckerbäckern, die ihr Metier im Ausland erlernten und in die Heimat zurückkehrten, haben auch Kaufleute, Säumer, Pilger und Studenten dafür gesorgt, dass der Speisezettel der Eidgenossen internationaler wurde.

SÜSS WIE DIE LIEBE

Die ausgeprägte Schwäche für süße Speisen gehört zu den kulinarischen Eigenheiten der Schweiz: Obstwähen am Freitag, Café complet mit Konfibrot zum Znacht, Fotzelschnitten, Apfelrösti, Milchreis mit Kompott, Apfelspätzli, Erdbeeromelette… Jede Landesgegend hat ihre süßen Spezialitäten, die als Hauptgerichte von Jung und Alt geschätzt wurden und werden. Darunter finden sich zahlreiche originelle Rezepte, die nicht vergessen sind, jedoch nurmehr selten zubereitet werden, etwa der Walliser Blüetchüechjini (Blutkuchen), eine Art Omelette aus Schweineblut, Eiern, Zimt und Zucker.

Wie ist der ausgeprägte «süße Zahn» der Schweizer erklärbar? Abgesehen davon, dass die Vorliebe für Süßigkeiten dem Menschen angeboren ist und Schokolade Glücksgefühle erzeugen soll, werden auch praktische Gründe dahinterstecken. Zucker ist bekanntlich ein effizienter Energiespender, der schnelle Wirkung zeigt. Diese Kraftnahrung war deshalb für alle, die harte Körperarbeit leisteten – und das war bis zur Mechanisierung der Landwirtschaft und anderer Arbeitsbereiche bei einem Großteil der Bevölkerung der Fall –, außerordentlich wertvoll. Der aufs Süße ausgerichtete Speisezettel des einfachen Hirtenvolkes wurde von den Fremden, die die Schweiz bereisten, bereits im 18. Jahrhundert kommentiert, wobei man seine Auswirkungen ganz unterschiedlich einschätzte. Für die einen waren Milch und Rahm pures Ambrosia, das für den kräftigen Körper und den lauteren Charakter der Bergbevölkerung verantwortlich war. Der deutsche Journalist und Komponist Karl Spazier (1761–1805) hingegen meinte: «Ich glaube, wer gar keine salzigen, geistigen und scharfen Speisen und Getränke genießt, dessen Seelenfähigkeiten können auch nicht viel Bedeutung haben.» Schlaffe, kindliche Seelen seien die Frucht dieser Nahrung. Es hieß zum Beispiel auch, der häufige Genuss von Haferbrei sei für die vielen Selbstmorde im Kanton Thurgau verantwortlich.

Zwar galt das Brot einst als heilig, doch es symbolisiert auch den Alltag, die Arbeit und somit Schweiß und Tränen. Süße Backwaren hingegen verkörpern die fröhliche, festliche Seite des Lebens: Die üppig dekorierte Torte gehört zur Hochzeit, das Lebkuchenherz zur jungen Liebe und der Schokoladekuchen zum Kindergeburtstag. Schließlich bezeichnen wir vieles, was uns liebens- und begehrenswert erscheint, sei es die Geliebte, das Buschi, die Verführung, das Nichtstun oder das Leben in Saus und Braus, als «süß».

BACKEN IST ALCHEMIE

Das Kuchenbacken war ursprünglich Sache der Frauen und ist es im Privathaushalt bis heute weitgehend geblieben. Kochende Männer kümmern sich im allgemeinen lieber ums Fleisch. Auch das mühselige Mahlen des Getreides von Hand überließen die Männer häufig den Frauen: Bis die Mühlsteine diese Arbeit übernahmen, wurden die Körner mit Hilfe eines sogenannten Läufersteins zerrieben. Wann der erste Kuchen gebacken wurde, wissen die Götter. Mit Beeren und Honig gesüßte Fladenbrote werden schon die Menschen der Jungsteinzeit gekannt haben. Sie wurden auf im Feuer erhitzten Steinplatten gebacken und erforderten gutes Kauwerkzeug.

Frauen waren dafür verantwortlich, dass das Feuer nicht ausging. Ob in den eiszeitlichen Felshöhlen oder in den Rauchküchen des Bauernhauses: Sie waren die Herrinen und Sklavinnen von Feuerstelle und Herd. Die frühesten bis heute nachgewiesenen Backöfen sind etwa 8000 Jahre alt und wurden in Catal Hüyük in Anatolien ausgegraben. In dieser außergewöhnlichen Siedlung, die als Hochburg des Matriarchats gilt, haben die Frauen geherrscht und gebacken.

So scheint das weibliche Geschlecht im Lauf der Jahrtausende eine fast magische Beziehung zum Backen entwickelt zu haben. Das Mischen und Anrühren, Klopfen, Schlagen und Knuffen des Teigs gehört für zahlreiche Frauen zu den Tätigkeiten, die sie nicht missen möchten. Wird dann ein gelungener Kuchen oder Zopf aus dem Ofen genommen, ist das Glück perfekt: Das Werk erfüllt die Bäckerin mit Stolz und Befriedigung. Der Reiz des Backens liegt nicht zuletzt darin, dass selbst den Erfahrensten manchmal etwas misslingt. Wenn beispielsweise der Teig nicht aufgeht, wie er sollte. Tiefenpsychologen behaupten, Frauen nähmen das Aufgehen beziehungsweise Nichtaufgehen oder Zusammenfallen des Teigs derart ernst, weil das Unterbewusstsein ihnen einflüstere, sie selber seien dieser Teigklumpen. Das sprichwörtliche «Aufgehen wie ein Hefekuchen» für die Schwangerschaft deutet in diese Richtung…

Lassen wir uns nicht ins Bockshorn jagen. Sicher ist, dass die Fähigkeit, aus so unscheinbaren Zutaten wie Mehl, Zucker, Wasser, Milch, Eiern und Fett eine Fülle von unterschiedlichsten Backwerken herzustellen, mit der königlichen Kunst der Alchemisten vergleichbar ist. Diese geheimnisumwitterten Männer versuchten unter anderem durch Mischen und Erhitzen aus einfachen Metallen Gold zu erzeugen. Doch während die Alchemisten sich vergeblich abmühten, ist frau beim Backen mehrheitlich erfolgreich.

SAGENHAFTE KUCHEN

Die Kunst des Kuchenbackens war in der Vorstellung unserer Vorfahren mit dem Dämonischen oder Märchenhaften verbunden. In der Schweizer Sagenwelt haben oftmals die Erdmännchen die Hand im Spiel, wenn es sich um Backwaren dreht. Die Wichtel und Kobolde galten als Vegetationsdämonen, die Kuchen und Brot buken und diese den bedürftigen Menschen schenkten – und wieder wegnahmen, falls sie sich nicht an ihre Regeln hielten. Wichtig war, dass die Beschenkten nichts über die Herkunft des Kuchensegens ausplauderten, sonst konnte es ihnen passieren, dass sich das leckere Gebäck in stinkende Kuhfladen oder faule

Holzrinde verwandelte. Auch Hexen können Gutgläubigen diesen Streich spielen, doch bei ihnen endet die Geschichte immer übel.

Es gibt auch die andere Version: Die Menschen schenken den Fruchtbarkeitsgeistern Kuchen, damit sie sich mit reicher Ernte revanchieren. In Kappel bei Solothurn legte eine Hausfrau regelmäßig eine besonders gut geratene Wähe auf die Türschwelle hinter dem Haus. Doch als sie eines Abends den Erdmännlein auflauerte, um sie beim Abholen zu beobachten, kehrten sie nie mehr zurück, und Unglück brach über die Familie herein. Ähnlich erging es einem Müller im Fricktal: Er belohnte die Zwerge mit Rahm- und Speckkuchen, denn sie hatten ihm zu Reichtum verholfen. Als ihn die Neugier stach, streute er Mehl aus, damit er am nächsten Morgen ihren Fußspuren folgen konnte. Diesen Verrat litten die Erdmännlein nicht, und sie verschwanden auf Nimmerwiedersehen. Wen wundert's, dass der Müller bald darauf am Bettelstab ging.

Kuchen dienten in der ganzen Welt als Orakel und Zaubermittel. Der Herstellung der Hochzeitstorte musste große Aufmerksamkeit geschenkt werden, denn sie war auf irgendeine Weise entscheidend für die Zukunft der Neuvermählten. Was den Liebes- und Viehheilzauber betrifft, so trieb er in der Kuchenbäckerei die seltsamsten Blüten. Glücklicherweise gehören diese unappetitlichen Sitten und Bräuche der Vergangenheit an. Auf die Zauberkraft selbstgemachter Kuchen, Torten und Guetzli nach traditionellen Rezepten müssen wir dennoch nicht verzichten. Vorausgesetzt, man denkt bei ihrem Verzehr nicht ausschließlich an Kalorien und Joules, versetzen sie uns zurück in alte Zeiten und erzählen etliche wahre sowie einige erfundene Geschichten. Sie berichten von den Jahreszeiten und ihren Festen, von fröhlichen und besinnlichen Anlässen. Sie sind mit süßen, aber auch bitteren Erfahrungen getränkt. Und sie schmecken noch immer so gut, wie sie unseren Vorfahren gemundet haben.

Gebäck in unterschiedlichster Form begleitete die Menschen einst durchs Jahr und markierte ihren Lebensweg.

NIDWALDNER NEUJAHRSFISCH – *Am ersten Tag des neuen Jahrs erhielten die Patenkinder einen Fisch aus Lebkuchen*

DER GLAUBE SPIELT IN OB- UND NIDWALDEN VON JEHER EINE WICHTIGE ROLLE. TRUG VIELLEICHT DIE IDYLLISCHE LAGE AM VIERWALDSTÄTTERSEE DAZU BEI, DASS DIE ALTE TALSCHAFT NID DEM WALD DEM GEBÄCK IN FISCHFORM SO LANGE DIE TREUE HIELT?

Unterwaldens Trennung in Nid- und Obwalden ist vor allem geographisch bedingt: Der Alpnachersee, der Längshügel des Kernwalds und der Mueterschwanderberg trennen das Tal der Sarner Aa vom Stanser Becken. Neben der landschaftlichen existiert jedoch auch eine sprachliche und historische Trennmauer zwischen den eigenständigen Halbkantonen. Ein hiesiger Mundartkenner hat keine Mühe, Stanser von Sarnern zu unterscheiden, doch sogar nahe beieinanderliegende Dörfer desselben Kantons besitzen ihre für feine Ohren unverwechselbar eigene Sprache.

Bis heute haben die Nidwaldner den Obwaldnern nie ganz verziehen, dass sie 1798 den französischen Invasoren geringen Widerstand leisteten und sie ungehindert durchmarschieren liessen. Sie selbst hingegen konnten sich für die Ideen der Französischen Revolution nicht erwärmen und bezahlten ihre Freiheitsliebe teuer. Im Sonderbundskrieg 1845–1847 kämpften die beiden Kantone allerdings wieder Seite an Seite mit den anderen katholisch-konservativen Ständen gegen die liberalen Freidenker des eigenen Landes.

Gemeinsame Wege gingen sie oft auch in kulinarischer Hinsicht: Der Unterwaldner Bratkäse, den bereits die drei Eidgenossen auf dem Rütli über dem Feuer geschmolzen haben sollen, die Älpler-Maggeronen und die in Fett ausgebackenen rhombenförmigen Ziegerkrapfen zum Beispiel gelten hier wie dort als Spezialitäten.

Die Rosenburg in Stans, ein geschichtsträchtiges Gebäude aus dem frühen 13. und 16. Jahrhundert, ist ein Wahrzeichen des Kantonshauptorts. Ursprünglich war sie im Besitz des Benediktinerklosters Murbach/Luzern.

GELIEBTES SCHUPPENTIER

Wie in allen katholischen Gegenden hatte Fisch in Nidwalden einen besonderen Stellenwert. Zu Zeiten, als das Fasten eine Institution war, die alle betraf – Kinder und Erwachsene, Bürger und Geistliche, wenn auch in unterschiedlichem Maß –, war Fisch ein Geschenk des Himmels, denn sein Genuss war jederzeit erlaubt. Aus diesem Grund waren in der Nähe der Klöster häufig Teiche zur Fischzucht angelegt worden. Im Vierwaldstättersee, in der Engelberger Aa und den zahlreichen Bergbächen tummelten sich genügend Bach- und Seeforellen, Felchen, Barsche und Hechte, um die mageren Wochen vor Weihnachten und Ostern unbeschadet zu überstehen. Die Nidwaldner lebten jedoch vor allem vom Vieh und vom Käse, den sie über die berühmte Sbrinzroute nach Oberitalien ausführten. Viele wanderten für immer aus, bis nach Russland und Amerika, weil der Bevölkerungsdruck zu groß war, um alle Mäuler zu stopfen.

Der Fisch spielt außerdem als Symboltier eine Rolle, allerdings eine zwiespältige. Die frühen Christen wählten ihn als geheimes Erkennungszeichen, in erster Linie als Hinweis auf die Wassertaufe und weil sie sich als «Menschenfischer» betrachteten. Später wurde der Fisch zum Sinnbild für Christus selbst. Das Fischzeichen ist jedoch älter, bereits die Babylonier und Ägypter verwendeten es als Symbol der Liebe, Sexualität und Fruchtbarkeit. Bei den Kelten hingegen stand der Fisch für so hohe Werte wie Unsterblichkeit, Weisheit und Spiritualität. Der Vergleich von Fisch und Brot wird in der Bibel verschiedentlich gemacht und ist unter anderem ein konkreter Hinweis darauf, welche Bedeutung der Fischfang für die Ernährung damals hatte. Wegen seiner Mehrdeutigkeit wurde Fisch früher an Hochzeiten serviert.

Im Mittelalter entwickelte sich der süße «Backfisch» zum populären Festkuchen, der vorzugsweise während der Winterzeit bei religiösen Anlässen auf den Tisch kam. Martini, Nikolaustag, Weihnachten, Silvester, Neujahr und Stephanstag waren die klassischen Lebkuchenfisch-Daten. In einem alten Neujahrslied werden lieben Mitmenschen «gebackene Fische» angewünscht.

Das Schild der für ihre gepflegte Küche berühmte Wirtschaft zur Rosenburg und das Blümlein im Maul des Lebkuchenfischs erinnern an die Rosen, die im Hof des ehemaligen Bergfrieds geblüht haben sollen.

GLÜCK, GELD UND GESUNDHEIT

Die Begrüßung des neuen Jahres ist überall mit Bräuchen und Ritualen verbunden, die vor allem eines bezwecken: Die vor der Tür stehenden zwölf Monate sollen Glück und Segen bringen. Der Glaube, am 1. Januar könne sich entscheiden, welchen Gang die Dinge nehmen werden, hat sich bis heute nicht ganz verloren. Die schriftlichen und mündlichen Neujahrswünsche, die bis in den Februar hinein gemacht werden, wurzeln in uralten Beschwörungsformeln. Auch die Marzipanschweinchen, Kaminfeger, Hufeisen

Der älteste bis heute gefundene Fischmodel wurde vor 3800 Jahren in Syrien zum Backen verwendet. Zur Herstellung von Holzmodeln eignen sich Birnbaum, Eibe und Linde besonders gut.

und Kleeblätter sollen jene Portion Glück herbeizwingen, die das Leben versüßt.

Das Jahr ist noch blütenrein wie eine frisch verschneite Landschaft, und der Mensch nimmt sich vor, künftig manches ein wenig besser zu machen. Nach alter Sitte musste man sich am Neujahrstag mustergültig verhalten, denn jeder Fehler würde sich später rächen: Saubere Kleidung, ein geputztes, ordentliches Haus, reichliches Essen und eine Menge guter Gedanken waren die Voraussetzung, um das Schicksal gnädig zu stimmen. Zum richtigen Auftakt gehörte der Neujahrsbesuch, der häufig mit einem Mitbringsel in Form von Gebäck oder Geld verbunden war. Dahinter stand der nicht ganz uneigennützige Gedanke, dass Großzügigkeit sich auszahle, da alles irgendwann zurückkomme.

Das Backwerk unterschied sich je nach Religion und Region und hatte einen symbolischen Hintergrund: Die Ring- oder Kranzform stand für den Kreislauf des Jahres und den Schutz vor bösen Mächten; der Sinn der Schnecken- und Zopfformen des Appenzeller Filetbrots (vom griechischen *philos* für Freund) und der Entlebucher Neujahrszüpfe gehen wohl in dieselbe Richtung, während der Vogel die Wünsche der Menschen direkt in den Himmel brachte. Glück sollten auch die Münzen aus Gold oder Silber schenken, die im Neujahrsgebäck steckten.

DER «HELSETE»-BRAUCH

Der Neujahrstag war in Nidwalden und anderswo ein besonderer Festtag für die Kinder, denn erst dann wurden sie von ihren Pateneltern beschenkt, nicht an Weihnachten. Außer einem feinen gefüllten Lebkuchenfisch brachten Gotte und Götti ein Säcklein mit Münzen mit, das sie ihrem Patenkind um den Hals banden *(helsen)*. Mit der «Helsete» oder «Aushelsete» bekräftigten die beiden ihr bei der Taufe gegebenes Versprechen, sich um ihr Gottenkind zu kümmern, falls es einmal in Not geraten sollte. (Als es noch keine Antibiotika gab, konnte bereits ein vereiterter Zahn den Tod herbeiführen. Die Menschen starben häufig in jungen Jahren, und es gab entsprechend viele Waisen.) Mit der Firmung oder spätestens mit der Volljährigkeit waren die Paten ihrer Pflicht zur «Helsete» entbunden.

Einen weiteren Beweis für die Beliebtheit von Honiggebäck im alten Nidwalden liefert ein Dokument aus dem Jahre 1620, in dem ein nicht ganz ernst gemeintes fasnächtliches Frauengericht eine Person dazu verurteilt, ihre Strafe mit drei Scheiben Lebkuchen zu tilgen.

In der Schweiz ist Gebäck in Fischform auch andernorts bekannt. Der Toggenburger Mandelfisch besteht aus einem hellen Butterteig und wird mit geriebenen ungeschälten oder geschälten Mandeln gefüllt. Manche Konditoren fügen einige geriebene Baumnüsse hinzu und verwenden nach wie vor die alten, schönen Kupferformen. Im Kanton Thurgau und im Rheintal bestehen die Fische aus Blätterteig und einer Füllung aus Äpfeln beziehungsweise Nüssen und Weinbeeren.

NIDWALDNER NEUJAHRSFISCH

TEIG 200 g dunkler Berg- oder Waldhonig • 50 g Zucker • 2 gestrichene EL Zimt • 1 dl Milch • 350 g Weißmehl • 150 g Roggenmehl (feingemahlen) • 20 g Triebsalz (siehe S. 107) • 30 g Butter • Röschen aus Zucker oder Marzipan (fakultativ)

FÜLLUNG 100 g Lebkuchen oder Roggenbrot, gerieben • 50 g gedörrte Apfelschnitze, eingeweicht und gehackt • je 50 g Zitronat und Orangeat, gehackt • 50 g Bienenhonig • 1 gestrichener KL Zimt

Für den Teig den Honig im Wasserbad erwärmen bis er flüssig ist. In eine große Rührschüssel gießen; Zucker, Zimt und Milch dazurühren. Die Mehle und das Triebsalz gut vermengen. Die Mischung in die Rührschüssel sieben und alles gut kneten. Den Teig mindestens zwei Stunden kühlstellen.

Für die Füllung die Lebkuchen- oder Brotkrümel mit den gedörrten Äpfeln, dem Zitronat, Orangeat, Honig und Zimt mischen.

Die Fischform ausbuttern. Den Teig auswallen und in zwei Platten schneiden: Mit der größeren wird die Form ausgelegt, die kleinere dient als Deckel über der Füllung (hat man keine fischförmige Backform zur Hand, schneidet man eine Kartonschablone aus). Dann dekoriert man die Oberfläche des Teigfischs und pinselt sie mit flüssiger Butter ein.

Den Fisch bei 200°C 30 bis 40 Minuten backen. Aus der Form stürzen und das Röschen ins Maul stecken.

DREIKÖNIGSKUCHEN – *Ein königliches Gebäck, das den drei Weisen aus dem Morgenland vorzüglich schmecken würde*

DER 6. JANUAR IST DER TAG DER LEGENDÄREN KÖNIGE AUS DEM MORGENLAND. DER URALTE BRAUCH DES DREIKÖNIGSKUCHENS IST IN DER GANZEN SCHWEIZ BEKANNT, DOCH DAS GEBÄCK MIT DEM HEISSBEGEHRTEN FIGÜRCHEN SCHMECKT NICHT ÜBERALL GLEICH.

Das schlichte Gewand der Dreikönigskuchen täuscht, denn in ihrem Innern ist der Schlüssel zur Macht versteckt, heute meist in Form eines Plastikfigürchens. Einen Tag lang Königin oder König sein! Einmal über die Erwachsenen und großen Geschwistern das Zepter schwingen! Einmal regieren. Befehlen statt gehorchen! Zwar darf man den Bogen nicht überspannen, doch für ein paar Stunden schenkt die Papierkrone das großartige Gefühl, etwas ganz Besonderes zu sein.

Königsmacher ist in der Deutschschweiz und mehrheitlich auch in der Westschweiz der 1951 vom Schweizerischen Bäckermeisterverband eingeführte, aus einer großen und mehreren kleinen Teigkugeln zusammengesetzte Hefekuchen mit Rosinen. Die Figur steckt in einer der kleinen Kugeln, die von Hand abgebrochen werden können. Die Gebäckform lässt sich sogar deuten: Die große Mittelkugel soll den König darstellen, um den sich die Vasallen scharen. Im Jura und einigen anderen Gegenden der Romandie wird jedoch die Galette des Rois bevorzugt, ein fladenartiger Blätterteigkuchen mit Mandelfüllung. In der Franche-Comté und im Schweizer Jura bäckt man an Epiphanie, wie der 6. Januar auch genannt wird, außerdem einen runden Hefekuchen (Brioche) mit einem Guss aus Eiern und Rahm oder Eiern und Butter: die Galette de goumeau. Bereits um 1500 stärkten sich die Kranken im Spital von

Montbéliard an Ostern mit einem ähnlichen Fladen.

WIE DIE ALTEN RÖMER

Der Dreikönigsbrauch lässt sich auf die Saturnalien zurückführen. Um die Wintersonnenwende, vom 17. bis 23. Dezember, feierten die Römer zu Ehren des Gottes Saturnus eine Art Karneval. Man beschenkte sich mit Kleinigkeiten, zum Beispiel Tonpüppchen oder Kerzen, und die Begüterten verteilten Trinkgelder. Während der Feiertage wurde geschlemmt und gezecht, wobei die Sklaven vorübergehend dieselben Rechte hatten wie ihre Besitzer und mit ihnen am Tisch saßen. Manchmal machten sich die Herren sogar einen Spaß daraus, ihre Sklaven zu bedienen.

Es wurde ein Saturnalienkönig ausgelost, der an den sagenhaften König eines längst vergangenen goldenen Zeitalters erinnerte, wo es weder arm noch reich, weder Herren noch Knechte gab. Beim Schriftsteller Lukian gebot der König Folgendes: «Niemand unterstehe sich, während des Festes etwas anderes zu treiben, als was auf Spiel, Wohlleben und Fröhlichkeit hinausläuft, weder öffentlich noch zu Hause; nur Köche und Kuchenbäcker allein sollen in diesen Tagen arbeiten.» Beim Auslosen des trinkfesten Monarchen sollen unter anderem in Kuchen versteckte Gegenstände eine Rolle gespielt haben.

Als die Römer den Norden kolonisierten, brachten sie ihre Sitten und Gebräuche in die neuen Provinzen, so auch ihr populär-

Im Jura zogen die Kinder früher an Epiphanie von Haus zu Haus, sangen Dreikönigslieder und wurden dafür mit Kleinigkeiten belohnt. Die größeren Burschen ließen derweil die Peitschen knallen.

stes Fest, die Saturnalien. Die keltischen Götter vermischten sich mit den Göttern der Besatzer, und als das Römische Reich untergegangen war, hatte die einheimische Bevölkerung die Saturnalien längst mit ihren eigenen Winterbräuchen vermählt. Mit dem Christentum erhielt der 6. Januar eine besondere Bedeutung: Bis ins 4. Jahrhundert galt er als der Geburtstag Jesu, die Epiphanie (Erscheinung); erst später, nach der Einführung der Weihnacht, wurde er zum Tag der drei Weisen aus dem Morgenland. In der alten bäuerlichen Tradition war der 6. Januar überdies der letzte der zwölf bedeutsamen, festlichen Tage, die den Übergang vom alten zum neuen Jahr bildeten – er war der eigentliche Neujahrstag.

VON DER BOHNE ZUM PÜPPCHEN

Der älteste Beleg der Feier des Dreikönigstags in der Schweiz soll aus dem Jahr 1390 stammen. In Frankreich, England und Belgien ist der Brauch bereits im Früh- und Hochmittelalter belegt. Als die Gebeine der Heiligen Drei Könige in jahrhundertelanger Reise von Persien über Konstantinopel und Mailand 1164 im Kölner Dom angelangt waren, wurde der goldene Reliquienschrein zu einem der berühmtesten Pilgerziele Europas.

Doch wer waren die drei geheimnisvollen Reisenden namens Caspar, Melchior und Balthasar eigentlich, die Weihrauch, Myrrhe und Gold nach Bethlehem gebracht haben sollen, um diese Kostbarkeiten dem neugeborenen Christuskind zu schenken? Möglicherweise handelte es sich um babylonische Hohepriester, die sich mit Astrologie, Astronomie und Traumdeutung beschäftigten und von einem besonders hellen sogenannten Wandelstern geleitet wurden. Zu «Königen» wurden sie erst viel später gekrönt, im Mittelalter, um den Stand der weltlichen Hoheiten in ein günstigeres Licht zu rücken.

Die Geschichte des Königskuchens ist wie jene der drei Weisen von einer Vielzahl kurioser, lustiger und nicht in jedem Fall nachprüfbarer Berichte begleitet. Es gilt jedoch als gesichert, dass die ältesten Backwaren für diesen Anlass rund und flach waren und in Frankreich als Galette des Rois bezeichnet wurden. Statt eines Plastikfigürchens steckte früher ein getrockneter Bohnenkern im Kuchen, und der glückliche Gewinner wurde als Bohnenkönig bezeichnet. Es gab jedoch auch Ausnahmen: Wer in Cressier bei Murten die Bohne erwischte, war an diesem Tag

In der Westschweiz verzierte man die Galette des Rois früher häufig mit den Heiligen Drei Königen. Die Porzellanfigur anstelle der Bohne wurde vermutlich aus Frankreich im 17. oder 18. Jahrhundert eingeführt.

der «Tschumpel». Ähnlich hielt man es in Westfalen, wo vier verschiedene Bohnenarten eingebacken wurden; drei waren für die Könige bestimmt und die vierte, dickste, fürs arme Kamel des Tages.

Mit der Zeit wurden die schmucklosen Bohnen durch Püppchen aus Porzellan oder Holz ersetzt. Im französischen Jura produziert man übrigens seit kurzem wieder Porzellanpüppchen, um dem banalen Einerlei der Kunststoff-Könige bunte Alternativen entgegenzusetzen. Kleine Bäckereien schätzen das Angebot genauso wie die berühmte Konditorei Fauchon in Paris, und die in Serien erscheinenden Figürchen sind mittlerweile zu begehrten Sammelobjekten geworden.

GÂTEAU DES ROIS

TEIG (für eine Torte für 8 Personen):
600 g Blätterteig (Rezept im Anhang S. 104)

FÜLLUNG 125 g Butter, 125 g geschälte, gemahlene Mandeln • 125 g Puderzucker • 2 kleine Eier (oder 1 1/2 Eier) • 12 g Maizena • 1 EL Rum • 1,5 dl dicke Vanille- oder Konditorcreme (Rezept im Anhang S. 104 oder aus dem Handel) • etwas Mehl für die Arbeitsfläche • 1 Ei zum Bestreichen • 50 g Puderzucker • 1 Königsfigur oder getrockneter Bohnenkern

Zuerst die Vanille- oder Konditorcreme zubereiten. Die Butter auf Zimmertemperatur erwärmen und anschließend cremig rühren. Mandeln und Puderzucker zufügen, dann ein Ei nach dem andern sorgfältig daruntermischen. Mit dem Schwingbesen oder Mixer so lange rühren, bis die Masse homogen und luftig wird. Maizena und Rum zufügen. Die Vanille- oder Konditorcreme löffelweise unter die Mandelmasse rühren. Die Mandelcreme soll weder zu flüssig noch zu trocken sein.

Den Blätterteig in zwei gleich große Stücke teilen. Jedes auf leicht bemehlter Arbeitsfläche zu einem Kreis von ungefähr 32 cm Durchmesser ausrollen.

Ein rundes Kuchenblech von 30 cm Durchmesser mit Backpapier auslegen oder buttern und mit einer Teigplatte belegen. Das Ei verquirlen und den Teigrand bestreichen. Die Mandelmasse auf den Teigboden geben, verteilen und das Figürchen oder die Bohne hineinstecken.

Den Teigdeckel darauflegen und am Rand mit einer Gabel andrücken. 1 Stunde in den Kühlschrank stellen. Inzwischen den Backofen auf 240 °C vorheizen. Die Oberfläche des Kuchens mit dem restlichen Ei bestreichen und mit der Messerspitze ein Muster einritzen. Mit der Gabel mehrmals einstechen.

Den Kuchen bei 240 °C in den Ofen schieben. Nach 10 Minuten auf 200 °C reduzieren und weitere 25 Minuten backen. Dann mit Puderzucker bestreuen und unter Aufsicht einige Minuten glasieren.

TESSINER BROTTORTE – *Sie erzählt Geschichten von Reben, Mühlen, Kastanienselven und Schokoladefabriken*

DIE TESSINER BROTTORTE IST EIN LEUCHTENDES BEISPIEL FÜR DIE KREATIVITÄT DER HAUSFRAUEN, DENEN ES GELANG, RESTE IN KULINARISCHE KÖSTLICHKEITEN ZU VERWANDELN. IM LAUF DER ZEIT HAT SICH DIE TORTA DI PANE VERÄNDERT – WIE DAS TESSIN AUCH.

Überall, wo die Bauern der Natur Ackerland abgerungen haben, indem sie Terrassen anlegten, ist ein Menschenschlag zu Hause, der hart im Nehmen ist. Wer einmal versucht hat, ein stabiles Trockenmäuerchen nach allen Regeln der Kunst aufzubauen, kennt die Mühsal, die dahintersteckt. Ein großer Teil des Tessins war ehemals terrassiert und mit Trauben, Gemüse, Kartoffeln, Mais, Getreide und Kastanien bepflanzt.

Man trotzte dem steilen Gelände so viel ab wie nur möglich, denn die Seitentäler waren früher weit stärker bevölkert als heute und die Familien kinderreich. Man klaubte die Steinbrocken beim Pflügen und Umgraben aus dem Boden und schleppte sie mit der *gerla* hoch, dem typischen Tessiner Rückenkorb. Beim Bau der Terrassen arbeiteten auch die Frauen mit, gehörte es doch zu ihren Pflichten, schwere Lasten zu transportieren.

Die Täler entvölkerten sich, der Wald eroberte sein Territorium Schritt für Schritt zurück. Den meisten Terrassen erging es wie zahlreichen andern steinernen Zeitzeugen von anno dazumals: Sie zerfielen. Die erhalten gebliebenen Anlagen sind heute fast ausschließlich mit Reben bepflanzt: Das Tessin ist mit 1028 Hektar der viertgrößte Weinbaukanton der Schweiz. 1876 war die Fläche sechsmal größer, obwohl fast ausschließlich für den Eigenbedarf gekeltert wurde. Nachdem die Reblaus ihr Zerstörungswerk beendet hatte, kultivierte man resistentere Sorten, vorwiegend die Sorten

Die renovierte Mühle bei Bruzella im Muggiotal wird von der Breggia angetrieben. Den Winter über steht das Wasserrad still, doch während der Touristensaison arbeitet das Mahlwerk wie in alten Zeiten.

Americano und *Nostrano*, aus denen kein anspruchsvollerer Wein, aber ein anständiger Grappa gewonnen werden kann. Dennoch gehört der Nostrano ebenso zu einem richtigen Grotto wie die über dem Feuer gerührte Polenta.

DES «BROTBAUMS» RENAISSANCE

Die Edelkastanie war für die Tessiner die wichtigste Kulturpflanze überhaupt. Ein ausgewachsener Baum produziert etwa 150 Kilogramm Maroni und ernährt damit einen Menschen während eines Jahres. Weil die Früchte rasch faulen, wenn man sie nicht optimal lagert, wurde der größere Teil getrocknet. Deshalb gab es in allen Hainen ein Dörrhäuschen, das sogenannte *grà*. Einen ganzen Monat mussten die Kastanien im warmen, aber nicht zu heißen Rauch getrocknet werden, bis sie steinhart und um ein Mehrfaches geschrumpft waren. Die trockenen, stacheligen Schalen der vorjährigen Ernte verwendete man als Heizmaterial. Nichts wurde verschwendet, sogar die zähen Kastanienblätter nicht, die als Streue für den Viehstall dienten.

Die nahrhaften Früchte der Kastanien wurden nicht bloß geröstet gegessen, sie waren in der Küche der Bauern allgegenwärtig. Da bis ins 18. Jahrhundert sozusagen kein Weizenbrot konsumiert wurde, verarbeitete man Kastanienmehl zu Brot und Kuchen. Im Museo di Valmaggia in Cevio, dem Volkskundemuseum des Maggiatals, ist nicht nur die riesige Weinpresse aus Kastanienholz sehenswert, auch das unscheinbare quadratische Brot aus Kastanienmehl verdient Beachtung. Diese archaische *focaccia* wurde auf einer stark erhitzten Specksteinplatte gebacken, eine Methode, die noch vor wenigen Jahrzehnten angewandt wurde. Speckstein ist ein gesuchtes Material für den Ofenbau, da er leicht zu bearbeiten ist und die Wärme lange speichert.

Die Kastanie, dieser einst fast als heilig verehrte Brotbaum, erlebt seit den 1980er Jahren eine bescheidene Renaissance. Mit großem Aufwand werden einzelne verwilderte Haine herausgeputzt, Bäume gestutzt und neu gepfropft. Man entwickelt Phantasie, um den Absatz anzukurbeln: Maroni werden zu Nudeln, Kuchen und Konfitüren verarbeitet, um bei Gourmets Anklang zu finden.

MEHL, ÖL UND SCHOKOLADE

Kastanien, Getreide, Mais, Nüsse und sogar Oliven: Was gemahlen und gepresst werden konnte, wurde in die nächstgelegene Mühle gebracht. Wie im Muggiotal an der Breggia standen die Mühlen oft in tiefen, wilden Schluchten, die nur zu Fuß, mit Eseln oder Maultieren zugänglich waren.

Die beschränkten Ressourcen zwangen viele Tessiner, ihr Glück in der Fremde zu suchen. Etliche kehrten zurück, bauten sich schöne Häuser und Palazzi und gründeten in der Heimat eine neue Existenz. Auf diese

Wein, Kastanien und Mais waren für die ärmeren Bewohner der «Sonnenstube» in der Winterzeit die wichtigsten Grundnahrungsmittel. Auch das selbstgebackene Brot bestand aus Kastanien- und Roggenmehl.

TORTA DI PANE

*TEIG 250 g altbackenes Weißbrot, entrindet und gewürfelt • 1 l Milch • 1 Vanilleschote • 100 g Amaretti
• 3 Eier • 100 g Zucker • 1 Zitrone (unbehandelt), abgeriebene Schale • 100 g feingehackte Mandeln
• 75 g dunkle Schokolade, gerieben • 100 g Rosinen • 2 Gläschen Grappa • 50 g Orangeat • 50 g Zitronat
• 1 TL Zimt • 20 g Butter • 50 g Pinienkerne • einige kandierte Kirschen (fakultativ)*

Rosinen im Grappa einweichen und beiseite stellen. Die Milch mit der aufgeschlitzten Vanilleschote erhitzen. Über die Brotwürfelchen gießen und mehrere Stunden einweichen. Die Amaretti zerbröseln und daruntermischen. Falls die Masse zu nass ist, überflüssige Milch abgießen. Die Masse mit einer Gabel zerdrücken oder durchs Passevite treiben.

Die Eier mit dem Zucker zu einer hellen Creme schlagen. Zitronenschale, Mandeln, Schokolade, Rosinen samt Grappa, Orangeat, Zitronat und Zimt unter die Creme mischen. Mit der Brotmasse gut vermengen.

Eine Springform von 22 oder 24 cm Durchmesser buttern und die Masse hineingeben. Die Pinienkerne darüberstreuen. Im auf 180 °C vorgeheizten Backofen eine Stunde backen. Ein wenig auskühlen lassen und aus der Form lösen. Eventuell mit kandierten Kirschen dekorieren. In Folie verpackt und kühl gelagert, hält sich die Torta di pane mehrere Tage und schmeckt immer besser.

Weise wurde das obere und das mittlere Bleniotal zu einer der ältesten Schokoladehochburgen Europas. Die Blenieser Familie Cima, die sich in Paris, Nizza und Marseille als Chocolatier einen Namen gemacht hatte, betrieb in Torre von 1900 an eine Schokoladefabrik, die erst in den 1960er Jahren, wegen der ungünstigen Verkehrslage, geschlossen werden musste.

DAS GEHEIMNIS DER NONNA

Während die Söhne in London, Paris und Konstantinopel die Reichen und Schönen mit kostspieligen Leckereien verwöhnten, hielten die Tessiner Hausfrauen den während Generationen überlieferten Rezepten die Treue. Die Armeleuteküche war aus der Not entstanden; zur Gourmetphilosophie wurde die *cucina povera* erst viel später als Reaktion auf den Überfluss. Ihre Einfachheit ist bestechend: Aus Kastanienmehl, Wasser, Öl und Rosmarinnadeln entsteht zum Beispiel der Castagnaccio, ein flacher Kuchen, der den ganzen Süden in sich trägt.

Die Brottorte war eine Festtagsspeise, selbst wenn sie zur Hauptsache aus altbackenem Brot bestand. Ein wenig Milchwasser zum Einweichen, eine Handvoll getrocknete Traubenbeeren, ein Löffel Kakaopulver und Zucker, für mehr reichte es oft nicht. Durfte es üppiger sein, kamen etwa ein Schuss Grappa, Pinienkerne und Eier dazu. Und mit wachsendem Wohlstand wurde das klassische Nonna-Rezept weltläufiger: Allmählich schlichen sich Vanille, Zimt, kandierte Früchte, Mandeln, teurere Schokolade und die köstlichen Amaretti in den simplen Brotfladen ein und fühlten sich dort sehr wohl.

Das Tessiner Brot eignet sich für die Herstellung der Torta di pane ausgezeichnet. Bei Tisch darf es nie geschnitten werden, nur gebrochen, sonst werden einer alten Tradition gemäß Brot und Bäcker beleidigt.

AARGAUER RÜEBLITORTE – *Ein berühmtes Beispiel der Kunst, den Alltag mit etwas Phantasie zum Festtag zu machen*

DER WINTER WAR AUCH IM AARGAU, WO REBEN, RÜEBLI UND GETREIDE GEDEIHEN, KALT UND ENTBEHRUNGSREICH. MIT HEIMARBEIT UND UMSICHTIGER VORRATSWIRTSCHAFT VERSUCHTEN DIE BEWOHNER DER STROHDACHHÄUSER, DIESE HARTE ZEIT ZU ÜBERBRÜCKEN.

Der Aargau war schon vor 6500 Jahren Bauernland. Vor allem im vom Reußgletscher ausgehobelte Seetal und im Limmattal ließen sich urzeitliche Siedler nieder. Sie lebten von der Jagd, vom Fischfang und Sammeln, aber auch von Ackerbau und Viehzucht. Während der Römerzeit war der Getreideanbau hier bereits so bedeutend, dass man einen Teil für den Export, hauptsächlich nach Italien, produzierte. Im Mittelalter übernahmen die Klöster die Rolle der Agrarförderer: Vor allem die Zisterzienser in Wettingen und die Benediktiner in Muri besaßen große Ländereien und beeinflussten die landwirtschaftliche Entwicklung positiv.

Unter den Auseinandersetzungen und Wirren, die die Reformation mit sich brachte, litt auch die Landwirtschaft. Zumindest einen konkreten Vorteil hatte sie den Bauern gebracht: Dank der Abschaffung langer Wallfahrten und zahlreicher Feiertage waren sie gegenüber den Katholiken wirtschaftlich bald im Vorteil. Trotzdem reichte das bescheidene Einkommen meist vorn und hinten nicht, um die kinderreichen Familien zu ernähren. Da bildete die Strohflechterei, die im Freiamt erstmals 1593 erwähnt ist, eine willkommene Gelegenheit, zusätzliches Geld zu verdienen. Bäuerin und Bauer, Kinder und Großeltern wurden zum Heimarbeiten eingespannt.

Strohdachhäuser sind schweizweit selten geworden. Weil die mit Roggenhalmen gefertigten Dächer leicht Feuer fingen, setzte der Kanton Aargau 1874 für ihre Beseitigung eine Prämie aus.

LEBEN MIT STROH

Wie so vieles andere, soll auch die Kunst des Strohflechtens mit den Schweizer Söldnern in unser Land gelangt sein. Sie dürften sie aus der Toskana nach Hause gebracht haben, wo dieses Handwerk im 12. Jahrhundert bezeugt ist. Es ist allerdings anzunehmen, dass in Gegenden, wo die Häuser mit Stroh gedeckt wurden, auch die anderweitige Verarbeitung der langen Halme selbstverständlich war. Stroh ist an sich recht vergänglich, doch es gibt Funde aus der Steinzeit von Sohlen, Hüten und Körben aus Bast und Gras, die gekonnt gearbeitet waren. Auf mittelalterlichen Darstellungen tragen Bauern bei der Feldarbeit häufig Strohhüte, während sich die Bäuerinnen mehrheitlich Kopftücher umbanden.

Dass das Seetal und Freiamt neben dem Onsernonetal und dem Greyerzerland zu einem Zentrum der Strohflechterei wurde, ist auf das Handelsgeschick einiger Taglöhner aus der Gegend zurückzuführen, die mit eigenen und fremden Waren die Märkte besuchten und den Verkauf derart steigerten, dass man 1783 in Wohlen die erste Handelsgesellschaft gründete. Die Kinder wurden in Flechtschulen ausgebildet, und die Frauen lernten, an den neuen, aus Lyon importierten Webstühlen zu arbeiten: 1840 standen 15 000 sogenannte Bordürenstühle in den Bauernstuben, in denen die ganze Familie beschäftigt war. Der wachsende Maschinenpark und die Einführung der Elektrizität führten Schritt für Schritt zur Industrialisierung und zu den ersten Fabriken.

Flochten die Bauersleute anfangs noch mit den Halmen des Roggens, den sie sel-

ber angebaut hatten, wurden bald die helleren und billigeren Weizenhalme aus der Westschweiz und Italien eingeführt. Gleichzeitig beschränkte sich das Flechten nicht mehr auf die Winterszeit, sondern beschäftigte die Familien sozusagen das ganze Jahr über.

RÜEBLI UND ANDERES WURZELWERK

Unter den schweren Aargauer Strohdächern entstanden erstaunlich zierliche Strohflechtarbeiten und -spitzen, die das kleine Wohlen bis weit über die Schweizer Grenzen hinaus bekannt machten. Der

Die Hausfrauen hatten einst den Ehrgeiz, sich für den Winter mit einem reichhaltigen Sortiment an Eingemachtem zu wappnen. Für die Heim- und Fabrikarbeiterinnen war die Konservendose jedoch bestimmt ein Segen.

Kanton Aargau wurde jedoch nicht nur dank des Strohs berühmt, auch mit einem einfachen Wurzelgemüse wie der Karotte gelang es den Mittelländern, sich einen Namen zu schaffen. Ungeachtet ihres für Deutsche exotischen Namens ist die Rüeblitorte auch nördlich des Rheins beliebt. Und schweizintern ist der Aargau als Rüeblikanton ein Begriff geworden.

24 • 25

Für die Ursache dieser Liaison gibt es mehrere Erklärungen. Die erste, unwahrscheinlichere Spur führt zu einem Basler Pfarrer, von dem es heißt, er habe die bei Bözberg angebauten Karotten so sehr geschätzt, dass er sie in seiner Heimat populär gemacht hatte. Die zweite Variante ist wahrscheinlicher: Zu Zeiten, als der Aargau noch Bauernland war, wurden Rüebli vorwiegend zur Selbstversorgung und für die Region angebaut. Die vitaminreichen Wurzeln lassen sich im Sandbett gut lagern und bleiben darin den ganzen Winter über genießbar. Im Suhrental hat der Rüeblianbau den ehemaligen Stellenwert beibehalten: Was nicht für den Eigenbedarf und für die Verwandtschaft benötigt wird, verkaufen die Landwirte direkt ab Hof.

Das Küttiger Rüebli gehört zu den alten, fast vergessenen Gemüsesorten, die von der Stiftung Pro Specie Rara zu neuem Leben erweckt wurden. Der fruchtbare Boden rund um Küttigen unterhalb der Staffelegg wurde schon zur Bronzezeit beackert, was die Spekulation erlaubt, dass diese ungewohnt weiße, aber dennoch geschmacksintensive Sorte urzeitliche Vorfahren besitzt.

Die dritte Erklärung bringt unser Weltbild ins Wanken: Möglicherweise war das schlanke Rüebli eine kugelrunde Räbe oder Winterrübe, denn dieses deftige Gemüse wurde im Aargau großflächig angebaut und als Wintervorrat wie Sauerkraut eingesalzen. Demnach müsste man den Rüeblikanton unverzüglich in Räbekanton umbenennen, doch dagegen würden wohl die Berner protestieren, die dieses Wurzelgemüse als ihre ureigene Spezialität betrachten…

VOM EINMACHGLAS ZUR BÜCHSE

In Wirklichkeit stehen die Berner auch an der Spitze, was die Rüebliproduktion betrifft, gefolgt von den Kantonen Freiburg und Waadt! Doch die Rüeblitorte haben sie alle nicht erfunden, dieses Verdienst gebührt vermutlich einer unbekannten Aargauerin, die eines Tages die geniale Idee hatte, aus dem gesunden Alltagsgemüse zur Abwechslung einen festtäglichen Kuchen zu backen. Möglicherweise war es jedoch auch ein kreativer Konditor oder Bäcker, der seine Kundschaft mit etwas Neuem in den Laden locken wollte. Wie dem auch sei, niemand weiß etwas

Die Sortenvielfalt wächst wieder: Für die Rüeblitorte eignet sich eine «normale» Karotte wie die Nantaise, während das weiße Küttiger Rüebli besser für Suppen oder als Mischgemüse verwendet wird.

Genaues über die Entstehung dieses Rezepts.

Wie die Strohindustrie entwickelten sich auch die Aargauer Konservenfabriken aus der Landwirtschaft dieser Gegend. Im Zuge der Industrialisierung übernahmen findige Köpfe die im Bauernhaushalt seit langem bewährten Verfahren des Haltbarmachens von Nahrungsmitteln wie Einsalzen oder Pökeln, Einkochen, Einsäuern und Einzuckern für die Massenproduktion. Der Pariser Konditor François Nicolas Appert erfand 1804 die Konservendose. Die unscheinbare Blechbüchse löste zahlreiche Ernährungsprobleme, denn sie ermöglicht es, Obst, Gemüse, Fleisch und Fisch mehrere Jahre lang aufzuheben und durch die ganze Welt zu transportieren. 1886 wurde die Konservenfabrik in Lenzburg gegründet. Die Schweizer reagierten vorerst zurückhaltend – bis die Konfitüre auf den Markt kam und sich neben den geliebten Erbsli und Rüebli einen festen Platz eroberte.

AARGAUER RÜEBLITORTE

T*EIG* 5 *Eier • 150 g Zucker • 1 Prise Salz • 2 Zitronen (unbehandelt), abgeriebene Schale • 300 g fein geraffelte Karotten • 1/2 KL Zimt • 1 Msp Gewürznelke • 300 g ungeschälte Mandeln, gemahlen • 75 g Maizena • 1/2 KL Backpulver • 1/2 dl Kirsch • 30 g Aprikosenkonfitüre • 1 EL Puderzucker • Marzipanrüebli*

Eiweiße und Eigelbe voneinander trennen. Zucker und Zitronenschale mit den Eigelben schaumig rühren. Rüebli, Mandeln, Maizena, Backpulver, Zimt und Nelkenpulver darunterrühren. Mit Kirsch parfümieren.

Eiweiße zu Schnee schlagen und sorgfältig unter die Masse ziehen. Eine gebutterte Springform von 22 bis 24 cm Durchmesser mit der Masse füllen. Die Torte bei 180 °C 55 Minuten backen.

Konfitüre durch ein Sieb streichen oder mixen. Den ausgekühlten Kuchen damit bestreichen. Staubzucker mit dem Saft einer Zitrone zur Glasur verrühren und die Torte damit überziehen. Mit den Marzipanrüebli garnieren.

GLARNER PASTETE – *Für diese raffinierte Torte würde der heilige Fridolin noch einmal in den «Zigerschlitz» wandern*

DAS KLEINE GLARNERLAND HAT KULINARISCH VIEL EIGENSTÄNDIGES ZU BIETEN. DER SCHABZIGER UND DIE CHALBERWÜRSTE SIND UNIKATE, DIE AN ORIGINALITÄT NICHT SO LEICHT ZU ÜBERBIETEN SIND. DIES GILT AUCH FÜR DIE GEFÜLLTE GLARNER PASTETE.

Die Glarner Spezialitäten zeigen Charakter: Der grüne Klee schenkt dem Schabziger unvergleichliche Würze, das Brot der Kalbfleischwurst ihre spezielle Textur. Die Tatsache, dass die Würste früher allein deswegen mit Brot gestreckt wurden, um das teure Fleisch zu sparen, hat heute nur noch Erinnerungswert: Das Weißbrot, das in keiner anderen Schweizer Wurst erlaubt wird, macht sie nicht günstiger, sondern ist ein Markenzeichen geworden, auf das man stolz ist. Fast exotisch muten auch die helle Buttersauce und das Zwetschgenmus an, die traditionsgemäß dazu gereicht werden. Letzteres findet sich ebenfalls in der Glarner Pastete.

Wie eine mit Pulverschnee überpuderte Alpenblume sieht dieser Kuchen aus, so fragil und luftig-leicht, dass es kaum glaublich ist, dass sie der Berglerküche entstammt. Genaues haben die Nachforschungen der Glarner Volkskundler und Bäcker zwar nicht ergeben, anno 1837 waren jedoch zwölf Pastetenbäcker im Glarnerland tätig, was darauf schließen lässt, dass in Teig Gehülltes – sei es Fisch, Fleisch oder Obst – zu dieser Zeit beliebt war und die Sitten sich bereits verfeinert hatten.

Der Stoffdruck mit den geschnitzten Handmodeln erforderte Geschick und Erfahrung. Im Freulerpalast in Näfels ist das Glarner Textildruckmuseum mit einer umfangreichen Sammlung untergebracht.

DER STOFF, AUS DEM DER REICHTUM KAM

Die Industrialisierung des Glarnerlandes begann 1740, als Johann Heinrich Streiff die erste Baumwolldruckerei gründete. Er hatte einen nach Genf emigrierten Hugenotten nach Glarus geholt, der es verstand, eine vorzügliche, leuchtend blaue Farbe für den Zeug- und Baumwolldruck herzustellen. In rascher Folge entstanden weitere Stoffdruckereien und Bleichereien; Spinnereien und Webereien verarbeiteten die aus Ägypten importierte Baumwolle. Der Kantonshauptort und seine Umgebung gehörten bald zu den am stärksten industrialisierten Gebieten der Schweiz. Auf dem Höhepunkt der Textilproduktion, um 1860, arbeiteten in 22 Betrieben 6250 Frauen und Männer an 4204 Drucktischen.

Im 19. Jahrhundert produzierten die Glarner Zeugdruckereien eine breite Palette von Kaschmir-, Schnupf- und Bildertüchern, Schals, Türkenkappen, Indigo-, Türkischrot- und Batikartikeln. Die Ware wurde über ein weitverzweigtes Handelsnetz in alle Welt vertrieben. Ihre Herstellung brachte den Fabrikherren Wohlstand, den Arbeitern jedoch ein hartes Dasein: 1864 erkämpften sie sich das erste europäische Fabrikgesetz, das die Arbeitszeit auf höchstens 12 Stunden pro Tag beschränkte. Für kostspielige Delikatessen wird ein Textilarbeiterlohn nicht gereicht haben, auf den Tafeln der Fabrikanten hingegen werden raffiniert gefüllte Pasteten ihren festen Platz eingenommen haben.

Während des «Textil-Goldrausches» gründeten Glarner Fabrikanten im Ausland große Handelshäuser. Die Firma Streiff und Cie. expandierte Anfang des 19. Jahrhunderts nach Italien, wo die meisten Glarner Kontore entstanden. Filialen wurden jedoch auch auf dem Balkan, in Asien und Afrika gegründet, um die begehrten Modeartikel aus den Schweizer Alpen zu verkaufen. Wie viele Bergler zu jenen Zeiten erwiesen sich die Glarner als weltoffen, risikofreudig und neugierig, Eigenschaften, die sich vermutlich auch auf die Essgewohnheiten übertrugen.

Die Nachforschungen der Vereinigung «Kulinarisches Erbe der Schweiz» konnte das Geheimnis um die Herkunft der Glarner Pastete ebenfalls nicht ganz lüften. Einen Hinweis auf das Alter liefert immerhin die tüchtige Anna Aebli-Oertli aus Ennenda, die als Teil ihrer Mitgift ein Rezept dieser Torte in die Ehe brachte; eine längst verstorbene Cousine soll es ihr verraten haben.

«Das junge Ehepaar legte mit diesem Rezept wohl auch den Grundstock zur Bäckerdynastie Aebli», folgert daraus die Glarner Kommission, «die im Kanton Glarus zu einer langen Tradition wurde.»

POPULÄRER LANDESPATRON

Das Leben des heiligen Fridolin aus dem schottischen Ayr (gest. 538 in Säckingen) ist von zahlreichen Legenden umwoben. Der aus adeligem Haus stammende Missionar gründete auf Geheiß des fränkischen Königs auf der Rheininsel Säckingen eine Abtei für Männer und Frauen. Das Doppelkloster erhält Grundbesitz am Hochrhein, Zürichsee und im Glarnerland zugesprochen. Im Zusammenhang mit den Glarner Besitzungen entstand eine der wichtigsten

Die frühindustrielle Epoche hatte ihre Sonn- und Schattenseiten. Für die Fabrikanten war die Textilindustrie während des 18. und 19. Jahrhunderts eine Goldgrube, die ihnen das Tor zur Welt öffnete.

Die blumenförmige Glarner Pastete war früher ein ausgesprochenes Festtagsgebäck und ist bis heute etwas Besonderes geblieben. Ihre kleinen Schwestern, die «Beggeli», sind dagegen alltagstauglich.

Fridolin-Legenden, denen der Heilige sein Attribut eines Skeletts verdankt: Er soll die Glarner Güter für das Kloster gerettet haben, indem er den verstorbenen Donator namens Ursos wieder zum Leben erweckte. Außerdem ist der Name Glarus auf Hilarius zurückzuführen, ebenfalls ein Heiliger, zu dessen Ehren Fridolin mehrere Kirchen gründete und dessen Gebeine er nach Säckingen überführte.

Die Glarner hängen an ihrem Landespatron, dem sie einen Platz auf dem Wappen einräumen und den sie familiär «Fridli» nennen. Mit dem Kloster Säckingen (der Stift wurde 1806 aufgehoben) verbinden die Glarner nach wie vor gute Erinnerungen, obschon sie die Abgaben bestimmt belastet hatten. Neben anderen Naturalien lieferten sie den Klosterleuten regelmäßig einige Kilogramm rohen Ziger. Nach der Überlieferung war den Nonnen der Magerkäse jedoch zu fad, weshalb sie ihn mit einem scharfen Kräutlein aus dem Klostergarten würzten. Der Zigerklee soll im 11. Jahrhundert von den Kreuzfahrern nach Europa gebracht worden sein, wo er auch als Medizinalpflanze Verwendung fand.

Da Gastfreundschaft in den Klöstern im Mittelalter ein Gebot war, darf angenommen werden, dass die Glarner, nachdem sie ihren Zehnten pünktlich abgeliefert hatten, mit Bier oder Wein, Suppe und, falls die Stiftsdamen in Geberlaune waren, eventuell auch mit ihren köstlichen hausgemachten Pasteten bewirtet wurden. Die Herstellung von Gewürzkuchen und anderem Gebäck war damals eine Domäne der Frauenklöster.

Der Gedenktag des heiligen Fridolin am 6. März wird im Kanton Glarus unterschiedlich gefeiert. Weil er mit dem Frühlingsbeginn zusammenfällt, werden landauf, landab die sogenannten Fridlisfeuer angezündet. Im Dorf Bilten am Rand der Linthebene lassen die Kinder Schiffchen mit brennenden Kerzen im Dorfbrunnen schwimmen; sie erinnern an das Licht, das der Schutzpatron übers große Wasser gebracht hatte. Die Glarner Pastete mit dem Fridolinswappen ist die klassische Süßspeise an diesem Festtag, die auch an Weihnachten und nach der Landsgemeinde nicht fehlen darf.

Neueren Datums ist der von den Glarner Bäckermeistern lancierte «Fridliweggä». Das mit Mandeln und Weinbeeren angereicherte Butterhefegebäck ist nur kurze Zeit erhältlich, etwa von Anfang März bis zum Fridolinstag. Mit dem süßen Weggen soll ein neuer Brauch ins Leben gerufen werden, der die gute alte Tradition der Verbindung von Backwerk und Festtagen weiterführt.

GLARNER PASTETE

TEIG 600 g Blätterteig (siehe Rezept im Anhang S. 104 oder aus dem Handel) • 1 Ei, getrennt • Puderzucker • 1 TL Zimt • 1 EL Butter • 1 Karton für Schablone

MANDELFÜLLUNG 150 g Mandeln, geschält und gemahlen • 75 g Zucker • 1 Ei • 30 g flüssige Butter • 2 EL Honig • 1 EL Rahm • 1/2 Zitrone, abgeriebene Schale und Saft

ZWETSCHGENFÜLLUNG 250 g getrocknete, entsteinte Zwetschgen, eingeweicht und püriert • 1 Msp Zimt • 1 Msp Gewürznelken • 2 EL Kirsch

Für die Mandelfüllung Zucker, Ei, Butter und Honig schaumig rühren. Die übrigen Zutaten daruntermischen. Das Zwetschgenpüree mit den Gewürzen und dem Kirsch vermischen.

Eine blütenförmige Schablone von ca. 32 cm Durchmesser ausschneiden (siehe Bild). Den Teig in zwei Hälften teilen, etwa 3 mm dick auswallen und mit der Schablone in Form schneiden. Backblech buttern oder mit Backpapier belegen. Eine Teighälfte darauflegen.

Auf die eine Hälfte das Zwetschgenmus, auf die andere die Mandelmasse geben, wobei etwa 2 cm Rand freibleiben muss. Den Rand mit Eiweiß bepinseln. Die zweite Teighälfte ein wenig auswallen, damit sie etwas größer wird, und mit einem spitzen Messer Schlitze schneiden. Den Teigdeckel aufsetzen und am Rand gut andrücken.

Die Torte mit Eigelb bepinseln und bei 230 °C in den Ofen schieben. Nach 10 Minuten auf 200 °C reduzieren und etwa 25 Minuten weiterbacken. Nach dem Auskühlen mit der Puderzucker-Zimt-Mischung bestreuen.

Variante: Ursprünglich soll die Füllung aus Apfelmus und Rosinen bestanden haben.

ZUGER CHROPFE – *Krapfen, die Verlobte und Verliebte Sängerinnen und Musikanten an der Alten Fasnacht spenden*

IM BRAUCHTUM DER STADT ZUG SPIELT DAS HEISCHEN UND VERSCHENKEN VON BACKWERK EINE WICHTIGE ROLLE. AM ROMANTISCHSTEN IST DAS CHRÖPFLIMEH-SINGEN, DAS AN DAS RITUELLE LIEBESWERBEN VERGANGENER ZEITEN ERINNERT.

Das unumstrittene Königspaar der Zuger Spezialitäten sind der Kirsch und die Kirschtorte. Zwar wird Kirschwasser auch anderswo in der Schweiz und im Ausland in Spitzenqualität gebrannt, doch der Zuger Kirsch ist zu Recht ein Begriff. Zur Blütezeit der mächtigen alten Kirschbäume könnte man meinen, Mutter Erde habe sich in ihr mehrmals getragenes, aber immer noch festliches Hochzeitskleid gehüllt. 350 verschiedene Kirschensorten gibt es in der Schweiz; einige urtümliche Sorten, die im Zugerländchen überdauert haben, werden in den alteingesessenen Brennereien zu Spirituosen der edleren Art destilliert. Diese Jahrgangsbrände reifen in kleinen Holzfässern auf den Estrichen vor sich hin, bis sie von Liebhabern aus ihrem Dornröschenschlaf geweckt werden.

Die reichlich mit Kirsch befeuchtete Biskuittorte hat das Ihre zum Ruhm der Stadt Zug beigetragen. Erfunden hat sie allerdings ein Appenzeller: Der Konditor Heiri Höhn stammte aus Herisau und hatte seine Lehr- und Wanderjahre in Zürich, Nürnberg

Die Unter- und die Ober-Altstadt von Zug mit ihren stolzen Bürgerhäusern und verwinkelten Gassen bildet die ideale Kulisse für das «Chröpflimeh-Singen», einen alten Brauch, der seit einigen Jahren wieder auflebt.

und Bremen verbracht, bevor er in Zug einen kleinen Laden führte. Da der Umsatz bescheiden war, versuchte er, die Kundschaft mit einer neuen Spezialität zu überraschen. Was ihm auch gelang: Die 1921 erstmals verkaufte Zuger Kirschtorte wurde an Ausstellungen mit Goldmedaillen überhäuft und fand bald auch internationale Anerkennung. Sie repräsentiert die patrizische, im Lauf der Geschichte reich, verwöhnt und verschleckt gewordene Kleinstadt am See, die es sich leisten kann, eine gehobenere Esskultur zu pflegen. Die handfesteren Krapfen hingegen stehen für die Landschaft des Kantons Zug und ihre Bauernsame.

LIEBER FESTEN ALS REGIEREN

An das alte Handwerkerstädtchen erinnern nur noch die fünf heute noch aktiven Zuger Zünfte, die zwar keine politische Macht besaßen wie die Zürcher Bruderschaften, dafür aber um so intensiver das lokale Brauchtum und die Geselligkeit pflegen. Die Müller und Bäcker hatten sich im 15. Jahrhundert zu einer Vereinigung zusammengeschlossen. Ihre Schutzpatronin, die heilige Agatha, sollte sie vor Feuersbrünsten bewahren, die durch die mit Holz beheizten Backöfen ausgelöst wurden. Da sich jedoch manche Bäcker gegen die Vorschriften des Zuger Rats wehrten, erhielten sie vergleichsweise spät, erst 1688, die Erlaubnis, eine richtige Zunft zu gründen. Heute nennen sie sich Zunft und Bruderschaft der Müller, Bäcker und Zuckerbäcker. Ihre Zunftstube befindet sich im traditionsreichen Restaurant Aklin gleich neben dem Zytturm, dem Wahrzeichen Zugs mit der astronomischen Uhr. Unter dem mit Ziegeln in den Zuger Farben gedeckten Steildach liegt das alte Föhnwächterstübli. Von hier aus wurde bei heftigem Südwestwind die Stadt nach möglichen Brandherden abgesucht und bei Feuer Alarm geschlagen.

Ende Januar, am Mittwoch vor Sankt Agatha, findet mittags das jährliche Festessen der Bäckerzunft statt. Am Nachmittag werfen die Zünfter beim Restaurant Aklin Mutschli, Guetzli und Orangen von der Gaststube in die Menge. Sie sind vor allem für die Kinder bestimmt, die aus voller Kehle «Bäckermöhli, Bäckermöhli!» rufen und betteln, um die Spendierfreude der Herren in ihren alten Berufstrachten anzufeuern.

Am Fasnachtsmontag zieht eine seltsame Doppelgestalt durch die Straßen der Kleinstadt: Sie verkörpert die bedauernswerte Greth Schell, die einen Narren und Trunkenbold zum Mann hatte, den sie regelmäßig aus dem Wirtshaus holen und in der Hutte auf dem Rücken nach Hause tragen musste. Begleitet wird die Figur von seinen Saufkumpanen, den sieben närrischen Löli, die einen Sack vor den Bauch geschnallt haben und die Kinder mit Brötchen, Würstchen und Orangen beschenken. Sie müssen sich allerdings die Gaben mit dem lauthalsen Ruf «Greth Schällebei» verdienen. Dieser Heischebrauch ist alt und erinnert an zwei Frauen namens Schell. Die eine, Jakobea, hatte Pech mit den Männern: Der erste war hingerichtet worden, und der zweite wurde wegen Diebstahls gesucht. Die Fasnachtsfigur ging aber vermutlich auf die ungewöhnliche Lehrerin Margaretha Schell zurück, die um 1840 Buben und Mädchen gemeinsam unterrichtete. Das gab dazumals viel zu reden, zumal sie auch sonst sehr selbstbewusst gewesen sein soll. Der Greth-Schell-Brauch wird seit über hundert Jahren von der Zunft der Schreiner, Drechsler und Küfer organisiert.

VERLIEBT, VERLOBT, VERHEIRATET

Die Zuger lassen es sich nicht nehmen, an der Alten Fasnacht, die auch Bauernfasnacht genannt wird und auf den ersten Sonntag nach Aschermittwoch fällt, nochmals ins Narrenkostüm zu steigen. Begleitet von zahlreichen Schaulustigen, ziehen vom frühen Abend bis gegen Mitternacht bunt gekleidete Sangesgruppen mit Musikanten von Liebespaar zu Liebespaar und bringen ihnen ein Ständchen dar. Verliebte, denen es ernst ist, und Pärchen, die sich übers Jahr verlobt oder verheiratet haben und sich eine musikalische Darbietung wünschen, tun dies kund, indem sie Kerzen oder eine Laterne ins Fenster stellen.

Der Zuger Brauchtumsforscher Hans Koch beschreibt das fröhliche Ritual im Buch *Brauchtum in der Zentralschweiz*: «Mit einem ‹Wecklied› kündigt man das Ständchen an, das Fenster öffnet sich, und ein neckisches Zurufen hebt an. Mit Liebe und Freude werden nun die Liedchen gesungen. Nachher lässt das Paar an einer Schnur einen Korb mit einem Sack voll ‹Fasnachtschropfe› und Wein als Lohn außen am Hause hinunter, und mit dankendem Ruf wird die willkommene Gabe im großen Tragkorb verstaut und dem leeren Korb ein kleines Gratulationsbriefchen anvertraut. Mit einem kurzen Sang verabschiedet man sich und zieht weiter. Bei den letzten Stationen ist der Korbträger ein armer, geplagter Mann, muss er doch die schwere Gabenlast allein auf seinem gebeugten Rücken weiterschleppen, und er ist dann wahrhaft froh, wenn etwa ein Ruf zum ‹Abstellen› kommt.» Anschließend sitzen die Gruppen zusammen und

In der Stadt Zug waren seit der Gotik viele hervorragende Gold- und Silberschmiede, Zinngießer und Keramiker tätig gewesen. Ihre Werke zierten die Tafeln reicher Bürger und die Altäre der katholischen Kirchen.

tun sich am Inhalt der Körbe gütlich, der oft für ein zweites Fest ausreicht.

An der Fasnacht wurde früher vor allem getanzt. Es war der Brauch, dass die Mädchen ihren liebsten Tänzer am sogenannten Fasnachtssonntag zum Essen ins Elternhaus einluden. Der junge Mann wurde mit frischen Zuger Krapfen und Wein bewirtet und begutachtet. Freunde, die das Techtelmechtel der beiden beobachtet oder davon gehört hatten, warteten ihnen mit ein paar neckenden Liedern auf. Die Sängerinnen und Sänger wurden mit Chropfen und Wein belohnt. Doch wenn sie glaubten, nicht genug erhalten zu haben, riefen sie «No meh Chröpfli», und es wurde ihnen meist ein zweiter Korb hinuntergelassen.

In der zweiten Hälfte des 20. Jahrhunderts ging der ursprüngliche Sinn des «Chröpflimeh-Singens» vergessen; aus dem Werbe- und Heischebrauch war eine Wein-und-Krapfen-Jagd geworden. Dank der Trachtengruppe der Stadt Zug lebt er wieder auf.

ZUGER CHROPFE

TEIG 2 kg Mehl • 1/2 kg Butter • 4 gestrichene KL Salz • Süßmost • Fett oder Öl zum schwimmend Backen (vorzugsweise Kokosfett)

KOSI 1 kg Dörrbirnen • 500 g gedörrte, entsteinte Zwetschgen • 500 g gedörrte Apfelschnitze • 1 Zitrone, geriebene Schale • 1 Gläschen Kirsch • 1 EL Birnenweggenpulver

Für den Teig Mehl, Salz und Butter in Flocken gut miteinander verreiben. Dann immer wieder Süßmost (vorzugsweise neuen Most) dazugeben, bis der Teig geschmeidig ist. Bällchen formen und ruhen lassen.

Für das Kosi das Dörrobst gut weichkochen und durch den Fleischwolf oder das Passevite drehen. Zitronenschale, Kirsch und Birnenweggenpulver daruntermischen. Das Kosi muss gut streichfähig sein.

Die Teigkugeln zu einem möglichst dünnen Rechteck auswallen. Auf die eine Teighälfte Kosi streichen, die andere Hälfte darüberklappen und die Ränder gut andrücken. Mit dem Teigrädchen rautenförmige Krapfen schneiden. In der Friteuse bei etwa 180 °C ausbacken.

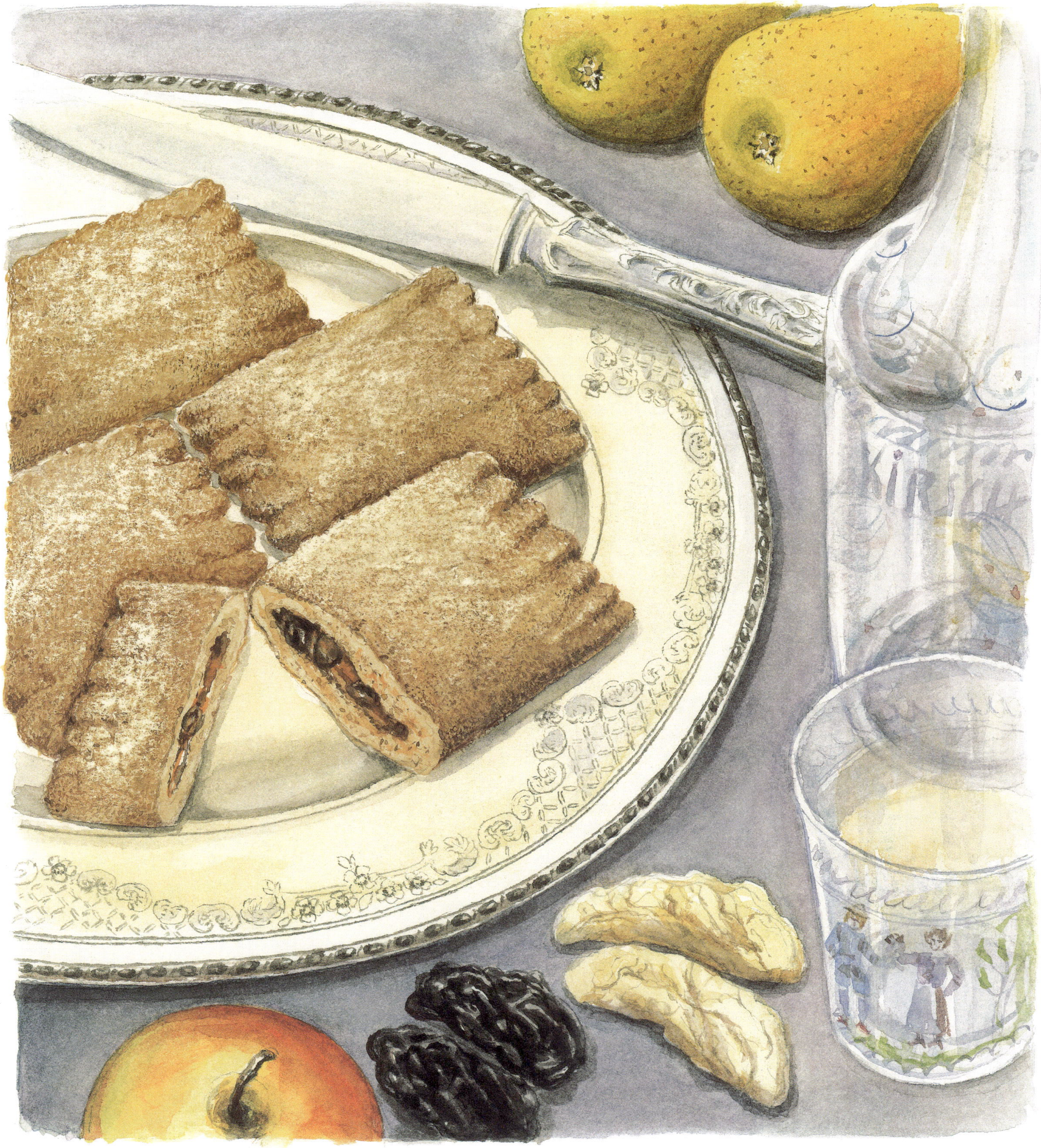

BACHESCHNITTE – *Wenn Gidio Hosenstoß bestattet wird, trösten sich die Herisauer mit gebackenen Leckerli*

DER GIDIO-HOSENSTOSS-UMZUG AM ASCHERMITTWOCH MIT DEM EINÄSCHERN DES STROHMANNS AM FOLGENDEN FUNKENSONNTAG WAR URSPRÜNGLICH EIN REINES KINDERFEST. MIT VIEL LÄRM UND WITZIGEN SPRÜCHEN WIRD DIE FASNACHT POMPÖS ZU GRABE GETRAGEN.

Wen es am Aschermittwoch nach Herisau verschlägt, wird entdecken, dass der sprichwörtliche Appenzeller Witz und Spott bereits im zarten Kindesalter vorhanden ist und folglich genetischen Ursprungs sein muss. Das Schauspiel, das am Nachmittag im Hauptort von Appenzell-Außerrhoden stattfindet, wird Ortsfremden vorerst merkwürdig, wenn nicht gar makaber erscheinen: Ein Leichnam mit Zylinder namens Gidio Hosenstoß wird in Begleitung einer wunderlichen Trauergemeinde durch das große Dorf mit seinen malerischen Hausfassaden gezogen. Der bedauernswerte Mann habe den Diebstahl eines Leckerlis schwer büßen müssen, indem er daran erstickt sei, wird den erstaunten Fremden erklärt. Außerdem sei er auch sonst ein schräger Vogel gewesen.

Seit Generationen wird der Leichenzug von Mädchen und Buben in alten Soldatenuniformen angeführt. Ihnen folgt der Leichenwagen, der von Kindern mit Eselsköpfen gezogen wird. Der Volkskundler und Historiker Johannes Schläpfer hat in

In der Gestalt des Gidio Hosenstoß wird die Fasnacht, die in alten Zeiten auch im reformierten Herisau gefeiert wurde, am Aschermittwoch mit Pomp, Getöse und viel Fettgebackenem verabschiedet.

rollen zu erfüllen: die der Zuschauer und der Leckerlispender.

LEICHENREDE UND LECKERLIKOMMISSION

Wenn der Zug vor dem Geburtshaus des Gidio Hosenstoß angelangt ist, gedenken der Pfarrer und der Mesmer des Verstorbenen. Sein Lebenslauf und sein Testament werden jedes Jahr neu geschrieben; sie sind dem Zeitgeist, der Phantasie und dem Talent der Verfasser unterworfen. Die beiden kostümierten Schüler haben die ehrenvolle Aufgabe, das Publikum mit witzigen, spöttischen und mitunter recht derben Sprüchen zum Lachen zu bringen. Am beliebtesten sind Anspielungen auf Lehrerinnen und Lehrer, aber auch der Schulhausabwart und andere dorfbekannte Persönlichkeiten werden aufs Korn genommen.

Selbstverständlich war Gidio ein stinkfauler, schlechter und ungehorsamer Schüler und brachte es auch im Militär und beruflich nicht weit. Was Wunder, dass er ledig blieb: Die Frauen liefen ihm stets wieder davon, obwohl er sich alle Mühe gab, ein echter Weiberheld zu sein. Als seine Mutter Eulalia, eine geborene Chueföddle, in der Nacht vom Fasnachtsdienstag auf den Aschermittwoch am Fritieren der Leckerli war, gelang es dem nimmersatten Sohn, eine Bacheschnitte zu stibitzen. Weil er aber vorher schon so viele Küchlein gegessen hatte, dass er bis obenhin voll war, blieb es ihm im Hals stecken.

seinem Buch *Bloch und Gidio* den Höhepunkt der farbigen Zeremonie folgendermaßen beschrieben: «Mit viel Lärm wird den Zuschauern, die zu Tausenden die Straßen und Gassen säumen, angekündigt, dass die Hauptfigur des Spektakels im Anzug ist. Hinter einer hölzernen Kanone, die ständig krachende Schwärmer speit, wird der an einem Leckerli erstickte Strohmann auf einem Wägelchen vorgeführt. ...Dem Leichenwagen folgen Pfarrer und Mesmer, dann mehrere Paare in übergroßen Masken und Krokodilstränen vergießend – die nächsten Verwandten des Verstorbenen. Auch sie sitzen auf Wagen und werden durch die Straßen gezogen. ...Zwischendurch entdeckt man stets wieder vergangene Ereignisse aus nah und fern, parodiert von Grüppchen, die das aufs Korn Genommene gern auf einem Wägelchen hinter sich herziehen.»

Dem «harten Kern» folgt eine bunte Schar von fasnächtlich verkleideten Kindern und Jugendlichen, die sich mit Pfannendeckeln und anderen Lärminstrumenten bemerkbar machen: Da sie keinen Tenuezwängen unterworfen sind, vermitteln sie dem Umzug seinen fröhlichen Aspekt. Die Erwachsenen haben an diesem Tag lediglich zwei, wenn auch sehr wichtige, Neben-

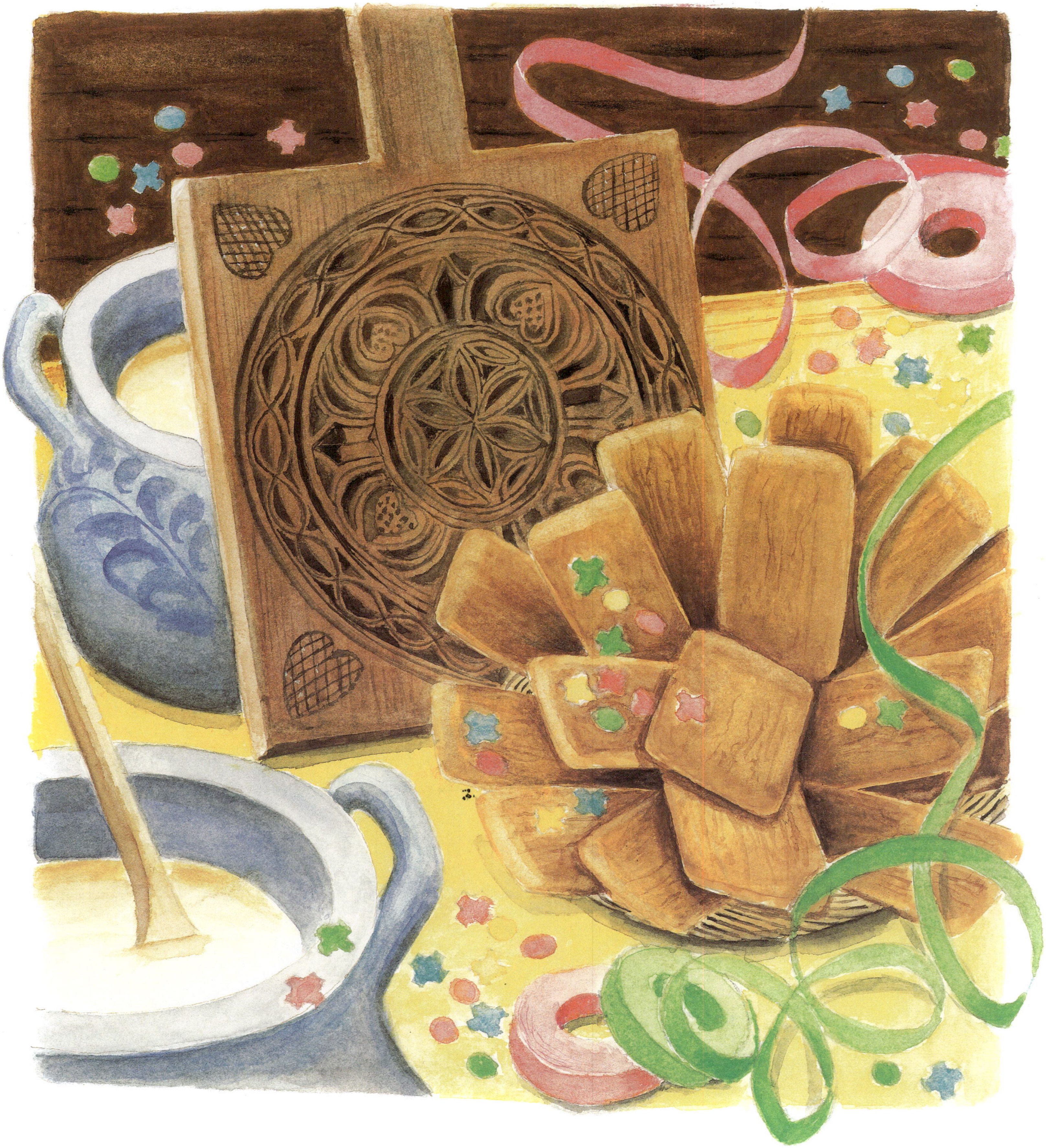

Die Lebkuchenbäckerei ist eine altehrwürdige Spezialität der Ostschweiz. Weiterum bekannt sind die gefüllten Appenzeller Biber. Das schlichte Backleckerli hingegen wird vorwiegend in der Region genossen.

Die Liste von Gidio Hosenstoß' Hinterlassenschaft bietet den Jungen Gelegenheit, sich im Ausdenken absurder Alltagsgegenstände und -phänomene zu üben. Anno 1933 waren dies zum Beispiel Stabellen ohne Sitzbretter, Vorfenster ohne Scheiben, Heugabeln ohne Zinken, Silberbesteck aus Weißblech oder ein Ochse, der aus lauter Faulheit rückwärts zieht. Mehr als ein halbes Jahrhundert später, 1986, wurde unter anderem ein Velo mit Katalysator versteigert. Ansonsten schließt der Mesmer wie eh und je, indem er den letzten Willen des Verstorbenen kundtut: «Der Erlös ist zusammen mit dem Bargeld in Leckerli anzulegen, und diese sollen seiner treuen Gefolgschaft nach dem Trauerzug verteilt werden. Gidio bittet euch alle, streng darauf zu achten, dass kein einziges Leckerli in die Hände eines Lehrers gelangt.» Und der Pfarrer doppelt anschließend nach: «So geht denn hin im Frieden und empfanget die versprochenen und begehrten Leckerli aus den Händen der Testamentsvollstrecker. Verschlingt die Gabe mit Verstand. Das konnte der liebe Gidio nicht, denn er hatte keinen.»

Daraufhin schreitet die sogenannte Leckerlikommission zur Tat. Die Vertreter dieser in den 1920er Jahren gegründeten Institution verteilen den Kindern das lebkuchenartige Gebäck und geben acht, dass keines zu kurz kommt. Jene, die für den kranken Bruder eine zusätzliche Portion erbetteln, dürften auf taube Ohren stoßen, denn dieser Trick ist altbekannt…

FUNKEN- UND KÜCHLEINSONNTAG

Erst am Sonntag nach Aschermittwoch findet die Feuerbestattung des Strohmannes statt. In einem bescheideneren Trauerzug wird Gidio auf den Ebnet außerhalb von Herisau geleitet, wo er auf einem großen Holzstoß vergleichsweise unspektakulär eingeäschert wird. Anschließend amüsiert sich die ältere Schuljugend an Bällen oder in der Disco. Im bei Herisau gelegenen Dorf Waldstatt wird der Gidio-Hosenstoß-Brauch ebenfalls durchgeführt, wenn auch in teilweise unterschiedlicher Form. So gibt es dort keine Leckerlikommission; die von den Ladenbesitzern spendierten Esswaren werden von Knaben verteilt, die als Polizisten kostümiert sind.

Die Bacheschnitte werden traditionsgemäß am Abend des Aschermittwoch nach dem Umzug und am Funkensonntag gegessen. In der Regel werden die schmucklosen, aber köstlichen Backleckerli fertig gekauft; daheim werden sie in flüssigen Teig getaucht und fritiert. Weil die Herisauer am Funkensonntag nicht nur Bacheschnitte, sondern auch in Fett ausgebackene Apfelküchlein verzehren, heißt er hier auch Küchleinsonntag.

Vermutlich entstand der Gidio-Kinderumzug um die Mitte des 19. Jahrhunderts. Über die Wurzeln dieses originellen Brauchs wurde viel spekuliert, Genaues weiß man nicht. Vermutlich spielten bei seiner Entstehung mehrere Elemente eine Rolle, doch die Kinder kümmert's nicht weiter, sie freuen sich über den Mummenschanz.

BACHESCHNITTE

Die Backleckerli werden normalerweise gekauft. Die Appenzeller Konditoreien verschicken sie auf Bestellung in die ganze Schweiz. Das folgende Rezept stammt aus einem Handbuch für Konditoren von 1982.

LECKERLI *2,5 kg Honig • 120 g Triebsalz • 80 g Pottasche (siehe S. 106) • 1 l Milch • 5 kg Mehl • 1,125 kg Zucker • 4 Eier • 60-80 g Lebkuchengewürz*

Den Honig erwärmen. Triebsalz und Pottasche in der Milch auflösen. Eier aufschlagen und mit der Milch verrühren. Alles mit dem Mehl und den Gewürzen gut vermengen und walken. Den Teig dünn auswallen und in Rechtecke von 4 auf 8 cm schneiden. Bei mittlerer Hitze backen.

AUSBACKTEIG FÜR 30 BACHESCHNITTE *200 g Weißmehl • 50 g Maizena • 1,5 dl Milch • 1,5 dl Rahm • 3 Eier • 1/2 KL Salz • 1 EL Öl • Kokosfett zum Fritieren • je 5 EL Zucker und Zimt*

Mehl, Maizena, Milch, Rahm, Eier und Salz zu einem dickflüssigen Teig vermischen. Etwa 3 Stunden ruhen lassen. Das Fett auf etwa 180 °C erhitzen. Die Leckerli in den Teig tauchen, ausbacken und auf Haushaltspapier abtropfen. In der Zucker-Zimt-Mischung wälzen.

ZÜRI-TIRGGEL – *Die eleganten Dünnen, die auf der Zunge schmelzen wie Schnee in der warmen Frühlingssonne*

DER ZÜRCHER TIRGGEL IST MINDESTENS SO ALT WIE DAS HIESIGE ZUNFTWESEN. UND BEIDE SIND EBENSO TYPISCH FÜR DIE WIRTSCHAFTSMETROPOLE AN DER LIMMAT WIE DIE BAHNHOFSTRASSE, DIE «KRONENHALLE», DIE CONFISERIE SPRÜNGLI UND DAS SECHSELÄUTEN.

Wenn punkt sechs Uhr abends auf der Sechseläutenwiese der Scheiterhaufen angezündet wird, auf dem der Böögg sein fulminantes Ende erwartet, ist der feierlichste und spannungsgeladenste Moment des Jahres erreicht. Der harmlos wirkende Schneemann aus Watte verbirgt in seinen gemütlichen Rundungen mehrere Kilo Schwarzpulver und Feuerwerkskörper, so dass er unter ohrenbetäubendem Geknalle und Getöse platzt, wenn die Flammen das Urteil vollstrecken. Bis es soweit ist, reiten kostümierte Zünfter in gestrecktem Galopp um den Scheiterhaufen, vermutlich um die Flammen bei ihrem Zerstörungswerk anzufeuern.

Mit dem Böögg-Verbrennen hat es nämlich eine besondere Bewandtnis: Die mächtige Puppe, die den Winter verkörpert, dient den Zürchern als Wetterfrosch. Die Zeit zwischen dem Anzünden des Haufens und dem Explodieren des Kopfes wird sekundengenau gemessen, denn sie soll Auskunft über die kommende Badesaison geben: Je kürzer die Brenndauer, desto schöner der Sommer. Die Statistik zerstört jedoch wieder einmal die schönsten Illusionen und verweist auf das Zufallsprinzip. Davon lassen sich aber weder die Zöifter noch das übrige Publikum beeindrucken. Anschließend sorgt der verglühende, rauchende Scheiterhaufen für ausreichend Wärme und Atmosphäre, um dem standesbewussten Frühlingsfest eine volkstümliche Schlussnote zu schenken.

ALLE MACHT DEN HANDWERKERN!
Böse Zungen behaupten, das Sechseläuten sei ein Fest, das einer puritanischen Stadt wie Zürich gut anstehe. Bei den Umzügen, die Mitte April stattfinden, geht es eher feierlich denn ausgelassen zu und her. Der Sonntag ist den Kindern vorbehalten, die als

Der farbenprächtige Umzug der Zünfter am Montagnachmittag erinnert an die Macht, die ihre Gilden einst besaßen. Das Sechseläutenfest bildete sich im 19. Jahrhundert aus einfachen alten Frühlingsbräuchen.

Ritter, Burgfräulein, Rokokodamen, Soldaten oder befrackte Handwerksgesellen durch die Straßen ziehen.

Am folgenden Montagnachmittag findet dann der große Umzug der 25 Zünfte und der Gesellschaft zur Constaffel statt. Vorwiegend prominente Bürger paradieren zu Fuß oder hoch zu Ross durch die Innenstadt. Sie sind farbenprächtig kostümiert und werden von Marschmusik begleitet. Die Weggen-Zünftler werfen massenweise Semmeln ins Publikum, das vorwiegend weiblich ist. Die Frauen haben nämlich die Aufgabe, Zünfter, die sie besonders mögen oder verehren, mit Blumensträußen zu beschenken. Die Menge der Blumen, die ein Zünfter im Arm hält, wird zum Gradmesser seiner Popularität und gesellschaflichen Stellung.

1336, als der ehrgeizige Ritter Rudolf Brun gegen den Adel putschte und sich mit Hilfe der Handwerker als erster Bürgermeister an die Spitze der Stadt katapultierte, begann die Geschichte des Zürcher Zunftwesens. Es setzte sich ursprünglich aus 13 Handwerkerzünften und der Gilde der Constaffel (Ritter, Adlige, Kaufleute, Goldschmiede, Geldwechsler usw.) zusammen. Bis zum Ende der Alten Eidgenossenschaft 1798 waren die Zünfte im Besitz der wirtschaftlichen und politischen Macht. Sie kontrollierten die Preise und hielten durch strenge Anforderungen an die Meisterprüfungen die Qualität auf einem hohen Niveau.

Für viele Berufe galt der Zunftzwang, was bedeutete, dass die Handwerker ihre Tätigkeit nur ausüben durften, wenn sie in einer

Der Böögg wird punkt sechs Uhr abends auf der Sechseläutenwiese angezündet, weil früher um diese Zeit die Glocken den Handwerkern den Feierabend ankündigten.
Danach ziehen die Herren in die Zunftstuben.

Zunft als Mitglied aufgenommen worden waren und sich an deren Kodex hielten. Juden waren von den Zünften strikt ausgeschlossen, während sie Frauen unter gewissen Bedingungen offenstanden. Doch im wesentlichen waren und sind Zünfte elitäre Männervereinigungen, die sich durch Rituale, Kleidung, Wappen usw. abgrenzen.

«ZÜNFTIGE» BRÄUCHE

Nach der Verbrennung des Bööggs widmen sich die Zünfter dem gemütlichen Teil des Fests, indem sie sich in ihre Zunfthäuser

ZÜRI-TIRGGEL

TEIG 400 g Honig • 15 g Ingwer • 15 g Zimt • 3 g Gewürznelke • 3 g Muskat • 1 Msp Pimentpfeffer • 4 EL Rosenwasser • etwa 400 g Weißmehl • ev. Öl für die Model • Butter für Backbleche

Den Honig erwärmen, die Gewürze und das Rosenwasser dazugeben. Etwas auskühlen lassen und nach und nach das Mehl darunterziehen und verkneten, bis sich die Masse von der Schüssel löst. Den Teig auf einer leicht bemehlten Fläche etwa 2 mm dünn auswallen. Falls Holzmodel vorhanden sind, mit Öl bepinseln, Backblech ausbuttern und mit Mehl bestäuben.

Den Teig in die Model pressen, und die Tirggel aufs Blech legen. Sonst Rondellen, Vierecke, Dreiecke, Herzen usw. ausschneiden. Bei 240 °C Oberhitze etwa 1 bis 2 Minuten trocknen lassen. Die Oberfläche darf leicht bräunen, während die Unterseite hell bleiben muss.

zurückziehen, um zu tafeln. Anschließend stattet man anderen Zünften Besuche ab, schwingt Reden und trinkt das eine oder andere Glas.

Die gesellige Mahlzeit ist seit alters eine der beliebtesten Gepflogenheiten der Zünfter. Mengenmäßig dürften die heutigen Mitglieder allerdings Mühe haben, mit ihren Vorgängern mitzuhalten. Am Martinimahl der Riesbach-Zunft im Jahre 1800, einer sogenannten «Würgete», wurde pro Mann folgende Zutaten benötigt: 6–7 Pfund Fleisch, Wurst, 1 Fisch, 1 Pfund Brot sowie 2–3 Liter Wein. Vom Reichtum der Handwerker und Kaufleute zeugen auch das kostbare Geschirr und die prunkvollen Schaustücke, die die Zünftertafeln einst zierten. Auf einer Darstellung von 1615 gruppieren sich die Herren um eine mächtige Fleischplatte und prosten sich mit vergoldeten Pokalen zu.

Die Geschichte des Zürcher Tirggels ist anekdotisch mit den Zünften verbunden. Schriftlich erwähnt soll er erstmals 1461 sein, und zwar als «Dirgel, ein Gebäck, das nicht aufgeht». Es war Brauch, dass die Männer ihrer Familie vom Zunftessen ein paar Tirggel mit nach Hause brachten, sozusagen als Trösterlein für die entgangenen Genüsse. Und da sie dort oft eins über den Durst getrunken hatten, wird der Rausch noch heute mitunter als «Tirggel» bezeichnet. Es ist auch ein Giftmord nachgewiesen, den eine Zürcherin mit einem «Dirggely» begangen hatte, worauf sie für ihre Tat lebendig eingemauert wurde.

War der harte Tirggel früher ein typisches Weihnachtsgebäck, wird er mittlerweilen rund ums Jahr geknabbert und von den hiesigen Tirggelbäckereien in alle Welt verschickt. Auch die Motive der Model haben sich dem wandelnden Zeitgeist angepasst: Neben den Zunftwappen fanden biblische Sujets, Stadtansichten oder Liebesgrüße Anklang. Bezüglich der Rezepte lassen sich die heutigen Tirggelproduzenten jedoch nicht in die Karten schauen, da ist man auf die alten, vagen Beschreibungen angewiesen.

Die Zünfter brachten ihren Lieben Tirggel mit dem Wappen ihrer Gilde mit nach Hause. Der Meisterkranz von 1699, der als Prunkstück für die Zunfttafel diente, beweist, dass Handwerk goldenen Boden hat.

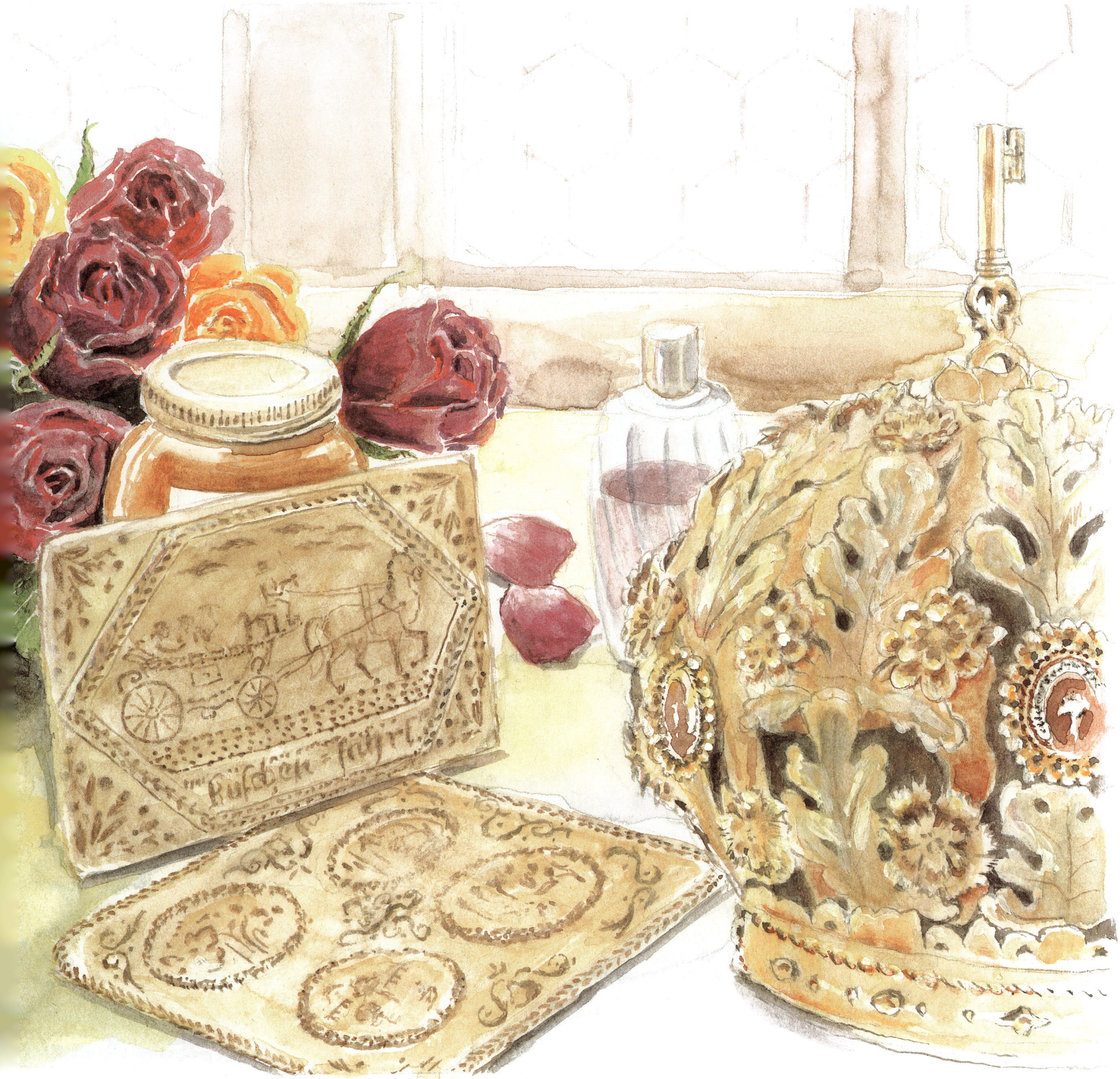

BERNER OSTERFLADEN – *Bunt gefärbte Eier, der hausgemachte Kuchen und Spiele gehören zum Emmentaler Osterfest*

WÄHREND DIE STADTBERNER IN ALTER ZEIT OSTERN MIT KARNEVALESKEN UMZÜGEN, MUSIK UND FEUCHTFRÖHLICHEN GELAGEN FEIERTEN, GING ES AUF DEM LAND EINFACHER UND BEHÄBIGER, ABER NICHT WENIGER LUSTIG ZU UND HER.

Im Emmental wusste man Prunk und Wirtschaftlichkeit, Repräsentation und Nüchternheit zu vereinen. Die mächtigen Häuser mit ihren kunstvoll dekorierten Schaufassaden waren in der Regel einfach eingerichtet. In der vom Rauch geschwärzten Küche wurde auf einem primitiven Herd und einer Feuerstelle gekocht, gebacken, eingemacht und geräuchert. Doch das *Bernerische Koch-Büchlein* aus dem Jahr 1749 bezeugt, dass man damals zu genießen wusste. In dieser altertümlichen Rezeptsammlung findet sich eine frühe Version des Osterfladens mit Eiern, Rahm (Nidle), Butter (Anken), Brotschnitten, Mehl, Zucker, Mandelkernen, Zimt, Muskat, Rosenwasser und Wein. Man würde ihn heute eher als Auflauf bezeichnen, aber im Wesentlichen stimmt er mit dem heutigen Berner Osterkuchen überein, denn er bestand damals schon aus Eiern, Rahm und altbackenem Weißbrot.

Im selben Büchlein, das «lehrbegierigen Köchenen sehr nutzlich» war, ist auch die Füllung für den traditionellen Osterbraten, das gefüllte Gitzi, nachzulesen: Eier, ver-

In einem solchen Bauernhaus lebten meist mehrere Generationen unter einem Dach. Das dazugehörige Land mit seinen Weiden, Äckern und Wäldern genügte, um sich und das Gesinde zu ernähren.

Jahreslauf verschenkt oder als Kultobjekt verwendet. Der Frühling ist jedoch traditionsgemäß die hohe Zeit der Eier, nicht zuletzt, weil jetzt die Hühner wieder legefreudiger sind als während der Wintermonate. In der Reformation hatten die Berner der Fastenzeit abgeschworen, die als katholisches Ritual verpönt war: Sie durften also die anfallenden Eier auch vor Ostern guten Gewissens verzehren.

Die Ostereier wurden mit Zwiebelschalen, Kräutern, Safran oder Randensaft gefärbt und oft noch aufwendig verziert und mit Sprüchen versehen. Der Brauch, die Eier in Haus und Garten zu verstecken, existierte erwiesenermaßen bereits im 17. Jahrhundert. Im Emmental und im Luzernischen erzählten die Eltern ihrem Nachwuchs damals, der Kuckuck habe sie gebracht. Erst später setzte sich der Osterhase durch; der früheste Nachweis findet sich in einem Schweizer Kinderlied von 1789. In anderen Gegenden warteten die Kinder auf den Storch, den Auerhahn, den Kranich, die Lerche oder den Fuchs. Schließlich stand auch das Huhn auf der Liste der eierbringenden Tiere, aber es konnte sich nie durchsetzen. Zwar war die Henne als Eierlegerin unumstritten, es hatte sich jedoch herumgesprochen, dass sie niemals bunte Eier produzierte. Bei den andern wusste man das nicht so genau...

KNÜTTEL- UND EIERWERFEN

Der Ostersonntag war auf dem Land wie in der Stadt in erster Linie dem Gottesdienst und der Familie vorbehalten. Wilde Vergnügungen wie Schwingen, Hornussen oder Schießen waren untersagt. Weil die Jungen trotzdem ihren Spaß haben wollten, kamen die «Eierlaufet» und das «Chnüttele» auf. Das Wettrennen fand zwischen zwei Läufern

mischt mit Brot, jungen Zwiebeln, Rosinen, Rahm, Muskat, Ingwer und Majoran. War Ostern spät genug, kam noch eine Handvoll Spinat aus dem Hausgarten dazu.

EI, EI UND NOCHMALS EI

Im Emmental wie fast überall in Europa, wo es Hühner gab, galt das Ei als Sinnbild des neuen, keimenden Lebens. Es wird seit alters bei verschiedenen Gelegenheiten im

Zwischen überliefertem Brauchtum wie dem Eierlaufen oder «Chnüttelen» und der modernen Vergnügungsindustrie liegen Welten. Dennoch sind solche Spiele und Feste bei den Jungen wieder gefragt.

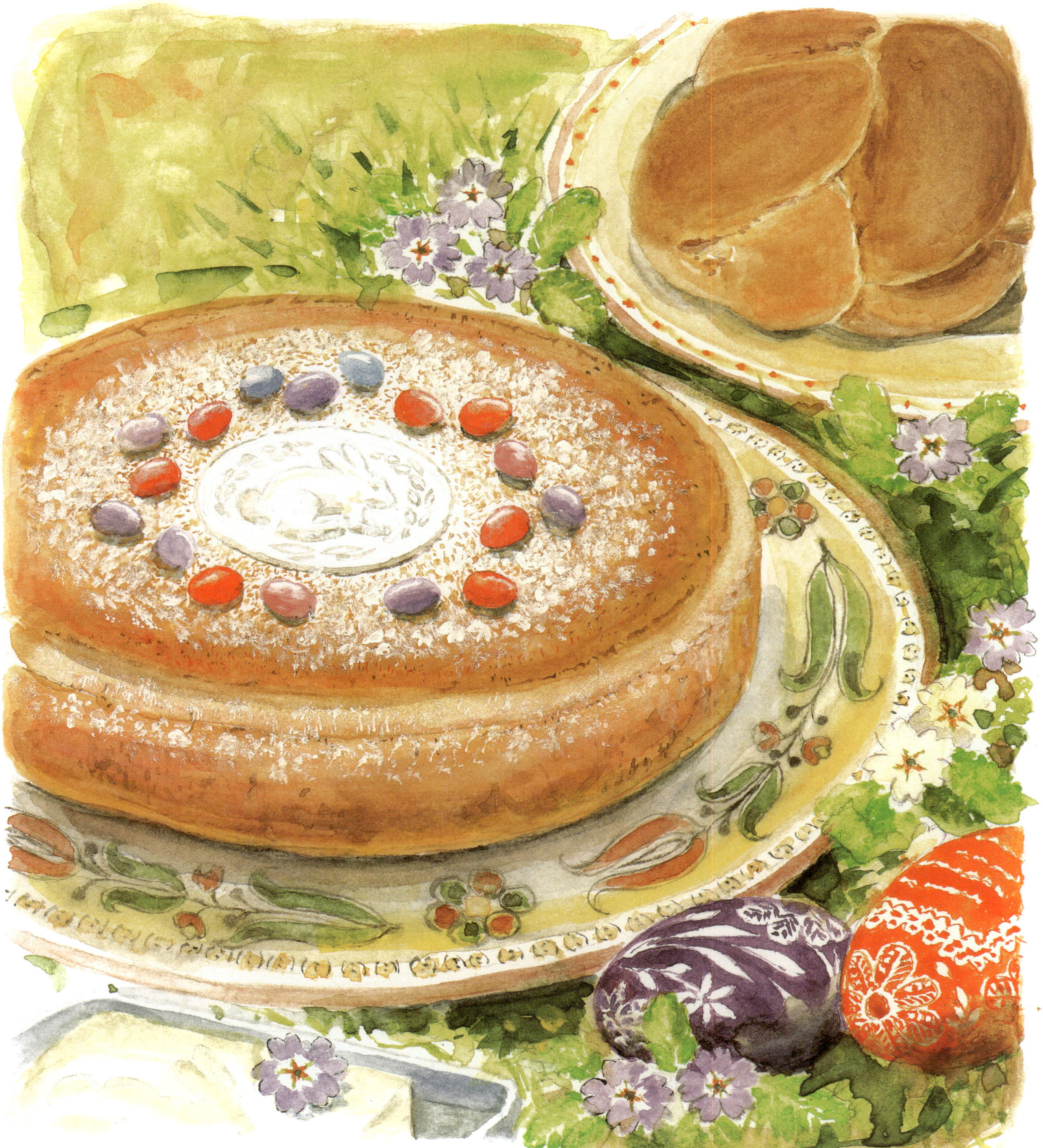

Der traditionelle Berner Osterfladen zeichnet sich durch seine Zopf- oder Wegglifüllung aus. Andere enthalten stattdessen Reis oder Grieß. Obligatorisch bei allen Osterkuchen sind jedoch die topfrischen Eier.

statt: Der eine versuchte, so viele (hartgekochte) Eier wie möglich vom Boden aufzulesen und in eine Wanne zu schmeißen, während der Konkurrent zu einem bestimmten Ziel und wieder zurück rennen musste. Dieser Brauch blüht wieder auf, auch im Kanton Aargau und Baselland.

Mit Knütteln wirft man heutzutage an Ostern nur noch an einem einzigen Ort: im kleinen, aber schmucken Rumendingen bei Wynigen im Emmental. In der Rumendinger Dorfchronik ist man stolz auf seine bodenständige Kultur: «Rumendinger waren eben vor allem Bauern, gaben sich ihrem Beruf aus Berufung hin und schufen damit in diesem Bereich kulturelle Werte. Die wunderbaren Bauernhäuser und Stöckli, die gesunde, dem Neuen wie der Tradition verpflichtete Landwirtschaft legen davon Zeugnis ab. …Das Bewusstsein, klein und bescheiden zu sein und bleiben zu wollen, hat Rumendingen und seine Bewohner begleitet.»

Das «Chnüttele», das ehemals den Männern und Knaben vorbehalten war, funktioniert ähnlich wie das Bocciaspiel: Einer wirft einen Knüttel, der am Ostermorgen im Wald geschnitten worden war, und die andern versuchen ihren Stecken möglichst nahe daran zu plazieren. Der Knüttel des Verlierers erhält eine Kerbe; er muss damit rechnen, wenn es so weitergeht, nach Spielende mehrere Runden Bier zu spendieren. Dazu gesellt sich das ganze übrige Dorf, und man isst die mitgebrachten Ostereier auf. Früher nutzten die Jugendlichen beim geselligen Zusammensein überdies die Gelegenheit, den Schatz ihren Eltern und Verwandten zu präsentieren. Heute beteiligt sich auch das weibliche Geschlecht an diesem einst im ganzen Emmental verbreiteten Wurfspiel.

DER HÜBSCHE MONTAG

Für die Stadtberner bildete der Ostermontag während des 18. und 19. Jahrhunderts den Höhepunkt des Jahres, vergleichbar mit dem Zürcher Sechseläuten, weshalb er auch Hübscher Montag genannt wurde. Die Festlichkeiten begannen ursprünglich mit einem Frühstück der Ratsherren, die anschließend in ihren Standestrachten zuerst ins Münster und anschließend ins Rathaus zogen. Der festliche Umzug wurde kulinarisch von Gewürzwein und Backwaren begleitet, die unter den Lauben angeboten wurden. Zur Freude der Kinder warfen die Anwohner als «Ostersegen» Orangen, Zitronen und Äpfel aus den Fenstern.

Die ganze Stadt und die halbe Landbevölkerung waren auf den Beinen, um den farbenfrohen Umzügen beizuwohnen. Stramme Sennen und Hirten maßen sich mit nicht minder kräftigen Metzgern und Müllern im Schwingen und Eierlaufen. Der Affe war die komischste Umzugsfigur: Er machte sich über Damen der besseren Gesellschaft und ihre Kleidung lustig. Auch durften der Tell mit seinem Sohn, der Berner Bär, der Hanswurst und Bruder Bacchus nicht fehlen. Letzterer scherzte gern mit hübschen Zuschauerinnen wie jener Bäuerin, die ein Kleinkind im einen und ein Zicklein im andern Arm trug. Als Bacchus sie bat, ihm das Tierchen zu schenken, antwortete sie schlagfertig: «Für das Gitzi löse ich bestimmt 30 Batzen, aber ich gebe dir stattdessen das Kind, denn ich habe daheim noch sieben andere.»

BERNER OSTERFLADEN

TEIG 300 g geriebener Teig (Rezept siehe S. 104) • 200 g altbackener Zopf oder 4 Weggli • 100 g Butter • 2 dl heiße Milch • 4 Eigelb • 150 g Zucker • 120 g geschälte, gemahlene Mandeln • 1/2 Zitrone, geraspelte Schale und Saft • 50 g Sultaninen • 1 dl Vollrahm • 4 Eiweiß • Butter für die Form • Zuckereier • Puderzucker

Zopf oder Weggli würfeln und in der heißen, aber nicht braunen Butter kurz wenden. Mit der heißen Milch übergießen, zudecken und 15 Min. aufweichen. Eigelb und Zucker cremig schlagen. Die Brotmasse zerdrücken, mixen oder durchs Passevite drehen. Mit Eicreme und Mandeln vermischen, Zitronenschale und -saft sowie Sultaninen dazugeben. Rahm und Eiweiß steif schlagen und unter die Masse ziehen. Ein 30 cm großes, rundes Kuchenblech ausbuttern. Den Teig auswallen, das Blech damit auslegen und einstechen. Füllung verteilen und den Kuchen 40 bis 50 Minuten im 200°C heißen Ofen backen.

Den ausgekühlten Kuchen mit Puderzucker bestreuen und mit Zucker-Ostereiern garnieren.

URNER DITTIRING – *Der mit Anis gewürzte, magische Kreis, der Bergler vor Unheil schützt und Kinderherzen erfreut*

DAS GEBÄCK MIT DEN ZEHN IN RINGFORM ANGEORDNETEN WICKELKINDERN IST EIN VOLKSKUNDLICHES UNIKUM, DAS LEIDER FAST VOLLSTÄNDIG VERSCHWUNDEN IST. DEM RING WIRD IM KANTON URI SEIT GRAUER VORZEIT ZAUBER- UND BANNKRAFT ZUGESCHRIEBEN.

Am 6. Mai 1928 fand die letzte Urner Landsgemeinde statt. Sie wurde seit 1425 jedes Jahr am ersten Maisonntag in der Nähe von Schattdorf am Fuße eines kleinen Hügels zelebriert. Die Männer bildeten jeweils einen geschlossenen Ring mit dem Landammann und Landschreiber im Zentrum und widmeten sich den ernsten Geschäften. Unterdessen flanierten die Frauen und Kinder an den bunten Marktständen entlang und inspizierten das Angebot: Hunderte, wenn nicht Tausende von sogenannten Landsgemeinde-Ditti oder Zuckerditti wurden feilgeboten.

Der Urner Karl Iten beschreibt in seinem längst vergriffenen und vielgesuchten Buch *Vom Essen und Trinken im alten Uri* das festliche Ereignis: «Welch verführerischer Anblick war das doch! Die Stände hatten fröhlich rot-weiß gestreifte Dächer; auf dem Tische, um den sich die Kinder drängten, waren die Dittiringe zu Bergen aufgetürmt; und zu allem Überfluss baumelten vom Dache herunter, an roten, leuchtenden Bändern, aufgehängt durch das Mittelloch, die

Die ehemalige Urner Landsgemeinde war reine Männersache. Die Frauen wussten sich jedoch mit den köstlichen Dittiringen, die speziell zu diesem Anlass gebacken wurden, gut zu trösten.

weißen Gebäckstücke, wie kleine bleiche Sonnen und schwankten im leichten Frühlingswind. Mit einem Fuhrwerk wurde drüben in Altdorf Nachschub geholt, wenn der süße Vorrat zu Ende ging.»

Mit der Landsgemeinde verschwand auch die Tradition des Dittirings. Oder jedenfalls fast, denn wenn sich die Korporationsgemeinde im Mai auf dem Lehnplatz in Altdorf versammelte, tat man dem einst so beliebten Gebäck noch hie und da die Ehre an. Ältere Bürger erinnern sich, dass man die Bäbi zum Preis von 10 Rappen auch einzeln kaufen konnte, wenn einem ein ganzer Ring zu teuer war. Doch mit der Zeit machte der gefüllte Uristier aus Anisteig dem Dittiring Konkurrenz und gewann schließlich das Rennen. Jedenfalls vorläufig, denn einige Urnerinnen und Urner setzen sich tatkräftig dafür ein, dass der einzigartige Brauch nicht vollständig in Vergessenheit gerät.

IM ZEICHEN DES KREISES

Der Landarzt Eduard Renner (1891–1952) war eine schillernde Persönlichkeit, der seine engere Heimat und deren Bewohner auf eigene Art und Weise studierte. Er war ein unkonventioneller Volkskundler, der den Menschen nicht nur aufs Maul schaute, er ergründete hinter ihren Reden und Erzählungen auch das Unbewusste, auf dem ihre Weltbilder fußten. Seine Krankenbesuche, die oft mit langen Fußmärschen verbunden waren, führten ihn in die entlegensten Täler und Hütten, wo ihm die Patienten Dinge anvertrauten, von denen sie mit keinem andern Forscher gesprochen hätten. Dass das Magische das Denken und Fühlen der Urner bestimmte – und sich mit dem christlichen Glauben problemlos aufs innigste vermischte –, führte Renner in erster Linie auf die Naturkräfte zurück, die Leib und Leben, Hab und Gut ständig bedrohen. Man antwortete auf das Unbegreifliche mit übernatürlichen Mitteln in der Hoffnung, es so zumindest annähernd unter Kontrolle zu halten.

Für die Urner Bergbauern scheint der Ring ein besonders wichtiges Symbol gewesen zu sein, das vielgestaltig in Erscheinung trat. Wenn der Senn am Abend, bei Sonnenuntergang, den Betruf in Form eines Sprechgesangs in alle Himmelsrichtungen erschallen ließ (was auch heute noch geschieht), rief er die höheren Mächte um Hilfe: Sie sollten das Böse in jeglicher Form bannen. Im Urner Alpsegen, der mehrere Strophen umfasst und eine Vielzahl von Heiligen aufzählt, ist in diesem Zusammenhang folgender Vers von Bedeutung: «Hier auf dieser Alp ist ein goldener Ring, / Darin wohnt die lieb Muetter Gottes / mit ihrem herzallerliebsten Kind.» Der Zauberring aus Gold schützt die ganze Alp mit allem, was dazugehört, auch den im Urnerland tief verwurzelten Katholizismus.

Im Kanton Uri ist man den Naturgewalten in besonderem Maß ausgeliefert. Magische Sprüche und Handlungen sollten die gefährlichen Lawinen, Erdrutsche und Überschwemmungen in Schach halten.

URNER DITTIRING

TEIG 400 g Puderzucker • 4 Eier • 1 Prise Salz • 2 EL Anis, kleingehackt • 1/2 KL Zimt • 500 g Mehl

FÜLLUNG 250 g geschälte Mandeln, gemahlen • 250 g Puderzucker • etwas Rosenwasser • 1/2 KL Zimt • 1 Msp Muskat • etwas Öl

Den Puderzucker mit dem Salz und den Eiern schaumig rühren. Anis und Zimtpulver beigeben. Das Mehl sieben und mit der Masse vermengen. Der Teig soll fest, aber nicht zu trocken sein. Über Nacht ruhen lassen.

Die Zutaten für die Füllung im Mörser oder mit dem Stabmixer zerkleinern und mit Rosenwasser zur Paste verarbeiten. Eine kleinere und eine größere Teigplatte auswallen.

Die größere Teigplatte in die eingeölten Model pressen. Die Füllung verteilen und mit der zweiten Teigplatte decken. Das Ganze nochmals eine Nacht an einen kühlen Ort stellen und am nächsten Tag bei 150 °C 20 bis 25 Minuten backen. Anstelle eines Dittiring-Models kann man sich mit einer ringförmigen Schablone behelfen und die Teigoberfläche dekorieren.

Der magische Ring ist manchenorts zu entdecken, am einfachsten als Nasenring des Uristiers, der als Landessiegel seit 1243 überliefert ist. Der vormals gelbe Ring steht für die Zähmung des wilden Untiers, das in der Sage die Existenz der Bergler zu zerstören droht. Der Ring taucht in zahlreichen Sprüchen auf, mit denen Krankheiten und anderes Unheil vertrieben werden sollen, und es gab in jeder Gemeinde ein Haus oder einen Hof mit dem Namen Ring oder Ringli. So gesehen hatte die Kreisform der Landsgemeinde bezweckt, alles von sich fernzuhalten, was das Gewohnte und Bewährte stört. Der Dittiring ist demnach die verspielte Kinderausgabe des alten Urner Bannkreises.

DES ZUCKERBÄCKERS STOLZ

Die Zehn galt auch in der christlichen Kultur als magische Zahl, doch welche Bedeutung sie beim Dittiring hatte, ist nicht mehr bekannt. Die alten Holzmodel weisen fast durchwegs zehn Babys auf, die nach alter Sitte mit einem Tuch derart eng eingewickelt sind, dass sie sich, wären sie lebendig, nicht mehr rühren könnten. Der Durchmesser der Gebäckstücke betrug 14 bis 16 Zentimeter, und sie hatten in der Mitte oft ein Loch.

Jeder Zuckerbäcker besaß seine speziellen Holzmodel und ein eigenes Dittiring-Rezept, das er in der Regel streng hütete. Besonders dekorativ war das helle Anisgebäck, wenn es bemalt wurde. Bei dieser Arbeit halfen jeweils sogar die Kinder mit. Auch bei der Herstellung gab es Unterschiede: Neben den feinen, mit Mandelmasse gefüllten Ringen gab es eine ungefüllte, häufig steinharte Version. Das Ditti als Gebäck wurde auf Wunsch überdies für Hochzeiten oder Taufen gebakken und war dann zweifellos als Fruchtbarkeitssymbol gedacht.

Der Uristier hat den Dittiring fast vollständig ersetzt. Eigentlich schade, denn das geschichtsträchtige Gebäck gilt als volkskundliche Rarität. Ein Model ist übrigens im Rittersaal des «Lehnhofs» in Altdorf zu besichtigen.

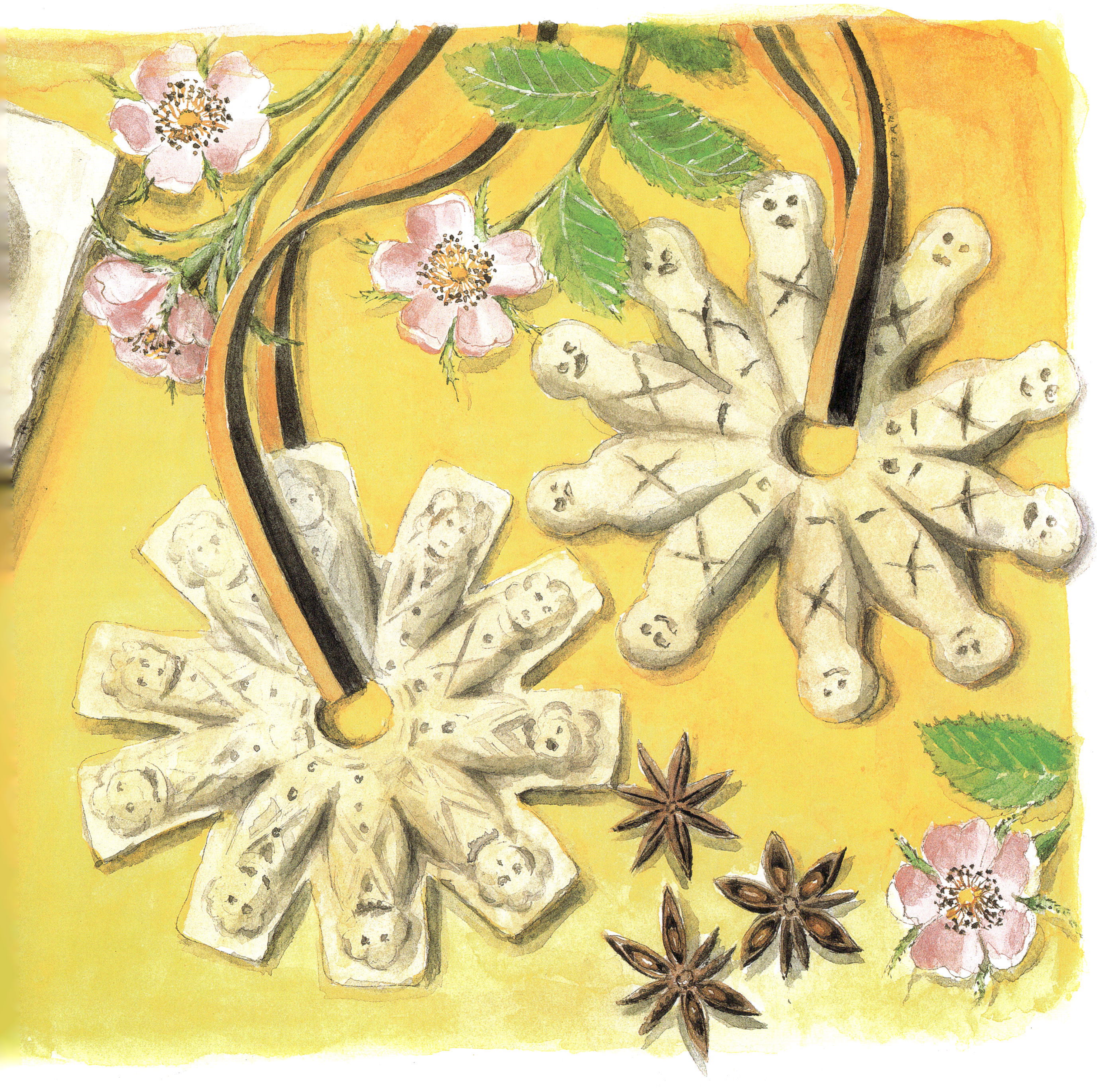

SCHLAATEMER RICKLI – *Ein symbolträchtiges Hochzeitsgebäck, so fest verknotet, süß und delikat wie die ehelichen Bande*

NEBEN DEN FISCHEN AUS DEM RHEIN, DEM WEIN UND DEN SPARGELN SPIELTE DAS KORN IM KANTON SCHAFFHAUSEN SEIT ALTERS EINE WICHTIGE ROLLE. AUF DER LÄNDLICHEN FESTTAFEL BEANSPRUCHTEN RAFFINIERTE UND EINFACHE MEHLSPEISEN EINEN EHRENPLATZ.

Blau, Grün und Gelb sind die Farben des Kantons Schaffhausen: Dem nördlichsten Zipfel der Schweiz verleihen der Rhein, der bei Neuhausen ein grandioses Naturschauspiel bietet, sowie die Wälder, Rebhänge und Kornfelder ein bukolisches Gepräge. Die über Jahrhunderte von Menschenhand gepflegte Landschaft strahlt Harmonie aus. Die Dörfer mit ihren mustergültig renovierten Fachwerkhäusern sind Ausdruck von Fleiß, gepaart mit Heimatliebe und einem ausgeprägten Sinn für die schönen Dinge des Lebens. Auch die Bürgerhäuser der Schaffhauser Altstadt lassen niemanden daran zweifeln, dass hinter den farbenprächtigen Fassaden einst gut gelebt, gegessen und getrunken wurde.

Dass die Schaffhauser die Gastfreundschaft seit Jahrhunderten pflegen, führen historische Wirtshäuser wie der «Rote Ochsen», der «Goldene Ochsen», der «Goldene Falken» oder die «Wirtschaft Schützenhaus» in der Stadt sowie die zahlreichen stattlichen Gasthöfe in den Dörfern vor Augen. Ein Beispiel ist das imposante Ritterhaus von Bad Osterfingen, in dem seit Gene-

Wenn die Schaffhauser Bauern Hochzeit feierten, wurde einst tagelang gegessen und getrunken, musiziert und getanzt. Sebst gestrenge Sittenmandate, vermochten daran nicht viel zu ändern.

Frauen am wöchentlichen Putz- und Waschtag genug zu tun hatten und man der katholischen Sitte des fleischlosen «Fasttags» auch im reformierten Alltag die Treue hielt.

Die Tatsache, dass der Kanton Schaffhausen von drei Seiten von Deutschland umgeben ist, spiegelt sich unter anderem in der hiesigen Küche. Die Spätzle, der Schwaben liebste Mehlspeise, haben die Grenze vermutlich schon vor sehr langer Zeit überschritten. Die Schweizer mögen sie mit Zwiebelschwitze, Käse und Apfelmus; die typisch schwäbische Kombination mit Linsen hingegen hat sich nicht eingebürgert.

Typisch für die Schaffhauser Küche sind zudem die «Bölledünne», ein herzhafter Zwiebelkuchen mit Speck, und die geräucherte Hallauer Schinkenwurst. Auf der süßen Seite sind die Schlaatemer Rickli und die Tabakrollen in dieser Reihenfolge am bekanntesten. Schlaatem steht für das stattliche Dorf Schleitheim in der Nähe der Grenze zu Baden. Die Bedeutung des Rickli ist nicht verbrieft. Die Form des Gebäcks deutet jedoch auf die alte weidmännische Bezeichnung «Ricke» für den weiblichen Vogel hin, denn an ein Vögelchen erinnert das Schlaatemer Rickli wirklich.

KONTROLLIERTE SCHLEMMEREI

Die Schleitheimer lebten früher in erster Linie von der Landwirtschaft und der Gipsgewinnung. Der Wohlstand des Dorfes gründete auf den Gipsgruben an der

rationen mit den Nahrungsmitteln gekocht wird, die in der näheren Umgebung gewachsen und gediehen sind – bodenständige Küche im eigentlichen Sinn des Wortes. Und der «Zwaa» (was «zwei» heißt, weil sich zwei Winzer das Weingut teilen), den man dazu serviert, ist auf den sanften Hügeln rund ums Haus gewachsen und in den Eichenfässern des eigenen Kellers gereift.

Am Ufer des Rheins ist dagegen Süßwasserfisch Trumpf, der aus dem Bodensee fangfrisch auf den Teller kommt. Der Gemeinderat von Rüdlingen hat sogar besiegelt, dass Hecht mit Tatarsauce und Kartoffeln die Spezialität des Ortes sei.

GESCHABTES UND GEBACKENES

Die Spezialität von Bad Osterfingen sind die «geschabten» Spätzli: Der Teig wird nach alter Mütter Sitte aufs Holzbrett gestrichen und mit dem Messer wieselflink ins Kochwasser spediert. Das Resultat sind längliche Teigwürmer, während der durchs Sieb getriebene Teig rundliche «Chnöpfli» ergibt. Die Köche vom ehemaligen Mineralbad sind jedoch nicht allein; die Affinität zu den beiden Eierteigwaren-Varianten ist bei den Schaffhausern besonders stark ausgeprägt. Es soll sogar eine «Chnöpfli-Glocke» gegeben haben, die jeweils am Freitag das einfache Standardmahl einläutete: weil die

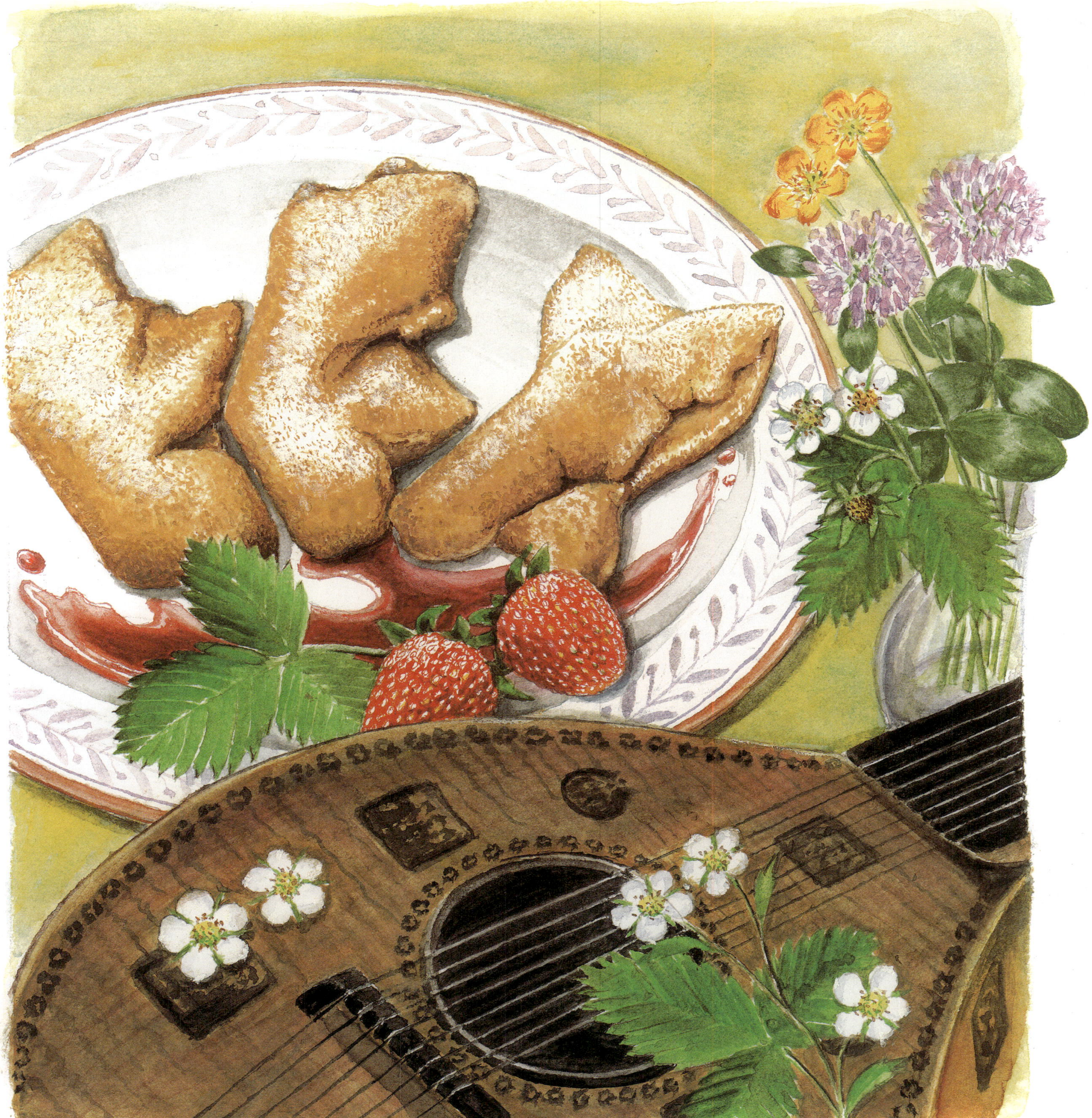

Die Schaffhauser Spezialitäten sind einfach, nahrhaft und kommen ohne Schnickschnack aus. Die Erdbeersauce zu den Schlaatemer Rickli ist denn auch eine köstliche Innovation aus neuerer Zeit.

Wutach, aber auch auf dem fruchtbaren Land, um das sich das Kloster Reichenau und die Stadt Schaffhausen im 15. Jahrhundert erbittert stritten. In Schleitheim betrieb man Ende des 19. Jahrhunderts vorwiegend Viehzucht, weshalb ein braves Rindvieh auf dem Dorfwappen prangt, und baute Getreide und Kartoffeln an. Letztere wurden für das eidgenössische Alkoholamt zu Sprit gebrannt.

Im *Geographischen Lexikon der Schweiz* aus dem Jahr 1906 wird die bäuerliche Bevölkerung wie folgt beschrieben: «Die Schaffhauser bilden einen kräftigen und ziemlich großgewachsenen Menschenschlag; sie sind arbeitsam, reinlich, einfach und sparsam, redlich und zuverlässig, etwas zurückhaltend und nüchtern, allem Überschwänglichen abhold und mehr dem praktischen Verstand als der lebhaften Phantasie folgend.» Dann jedoch wird bedauert, dass das Brauchtum sich wie anderswo verflacht habe: «Kirchweihen, Hochzeiten, Taufen, Beerdigungen und andere Anlässe zeigen nichts Eigentümliches mehr.»

Im Spätmittelalter waren die Schaffhauser offenbar weniger tugendsam. Wenn die wohlhabenden Bauern Hochzeit feierten, wurde keine Zurückhaltung geübt, weder im Essen noch im Trinken. Mit der Reformation, die Schaffhausen 1529 erreichte, wurde die Festlaune durch Sittenmandate gedämpft: Jetzt war es genau vorgeschrieben, welche Speisen und Getränke in welchen Mengen an Hochzeiten, Taufen und Beerdigungen aufgetischt werden durften. Verstöße wurden mit Geldbußen bestraft. Um neun Uhr abends läutete das Glöcklein, und die Wirtshäuser schlossen ihre Pforten.

Ob das Quantum an Süßigkeiten, die an festlichen Anlässen verzehrt wurden, ebenfalls unter Kontrolle der Obrigkeit stand? Fest steht lediglich, dass die Schaffhauser eine ausgesprochene Vorliebe für Desserts und Backwaren haben und die Schlaatemer Rickli traditionell für die Hochzeitstafel gebacken wurden. Und da eine richtige Bauernhochzeit mehrere Tage dauerte, hatten die Hausfrauen und Bäcker vor dem Fest alle Hände voll zu tun.

WIEDERENTDECKTE GETREIDESORTEN
Schaffhausen, insbesondere das Klettgau, wird oft auch als Kornkammer bezeichnet. Erst gegen Ende des 19. Jahrhunderts gewann die Fleisch- und Milchproduktion Bedeutung, vorher spielte Getreide die wichtigere Rolle. Außer Hafer, Hirse, Roggen und Weizen wurden auch uralte Sorten wie Dinkel, Emmer und Einkorn angebaut, wenn auch in immer geringeren Mengen, so dass sie schließlich beinahe ausgestorben waren.

Seit 1995 wird im Klettgau wieder vermehrt Einkorn und Emmer angebaut, und zwar ohne chemische Pflanzenschutzmittel. Für das Auge und die Tierwelt ein Segen sind überdies die Brachlandstreifen, auf denen 35 verschiedene Blütenpflanzen wachsen, darunter zahlreiche, die ebenfalls sehr selten geworden sind. Die Emmer- und Einkornspezialitäten – Brot, Gebäck, Teigwaren, Bier und Schnaps – finden über die Kantonsgrenzen hinaus reißenden Absatz.

SCHLAATEMER RICKLI

TEIG 200 g Zucker • 5 Eier • 650 g Mehl • 1/2 KL Salz • 70 g Butter • 1 Zitrone, geraspelte Schale • 1,5 dl Rahm • Fett oder Öl zum schwimmend Ausbacken • Puderzucker

Zucker und Eier schaumig schlagen, Salz dazugeben. Das Mehl durch ein Haarsieb in die Creme geben und gut vermischen. Butter schmelzen und mit der Zitronenschale und dem Rahm unter die Masse rühren. Den Teig zu einer Kugel formen, mit einem Tuch decken und über Nacht ruhen lassen.

Den Teig 3 bis 4 mm dünn auswallen. Mit scharfem Messer oder Teigrädchen in Streifen von 7 x 12 cm schneiden. Die Rechtecke der Länge nach zweimal einschneiden und die Enden von einer Seite her durch die Schlitze ziehen. Die Rickli ein wenig flachdrücken und eine halbe Stunde kühlstellen.

Fett oder Öl auf 170 °C erhitzen und die Küchlein ca. 2 Minuten frittieren, bis sie rundum goldbraun sind. Auf Haushaltspapier abtropfen. Nach dem Erkalten mit Puderzucker bestäuben.

Nach Belieben mit Erdbeer- oder Himbeersauce servieren.

THURGAUER APFELTORTE – *Ein Kuchen, der vom Rittertum und Obstbau in der Nordostschweiz berichtet*

SEIT DEM MITTELALTER WIRD AUF DEM GEBIET DES KANTONS THURGAU OBST ANGEBAUT. FRÜHER WAREN DIE BIRNBÄUME IN DER ÜBERZAHL, HEUTE SIND ES DIE APFELBÄUME. DAS ZWEITE WAHRZEICHEN MOSTINDIENS SIND DIE VIELEN BURGEN UND SCHLÖSSER.

Den Spitznamen «Mostindien» für ihren fruchtbaren Kanton ertragen die Thurgauer mit Gelassenheit. Auf ihren süßen und vergärten Saft sind sie zu Recht stolz. Hingegen ist über ihre Beziehung zum Land der Maharadschas nur zu erfahren, dass die von Kaiser Napoleon festgelegte Form des Kantons entfernt dem indischen Subkontinent ähnelt. Das klassische Mostindien liegt im Hinterland des Bodensees, wo sanfte Hügelzüge, schmucke Bauernhöfe, romantische Burgen und Schlösser – und, nicht zu vergessen, gepflegte Obstbaumgärten das Landschaftsbild bestimmen. Im Frühling, wenn das dominante Grün vom Blütenschleier bedeckt wird, ist diese Gegend besonders reizvoll.

Die ersten großflächigen Obstbaumkulturen wurden im Spätmittelalter angelegt. Damals war jedoch die Birne beliebter als der Apfel. Aus den zuckerreichen Birnen wurde nicht nur Most und Schnaps erzeugt, man verwendete sie auch zur Herstellung von nahrhaftem Dörrobst für die Winterzeit. Noch Mitte des 19. Jahrhunderts gab

Gepflegte Baumgärten und Fachwerkhäuser prägen das ländliche Hinter- und Oberthurgau. Im Frühling lockt die Obstblüte und im Herbst der junge Apfelmost Ausflügler in diese sonst eher stille Gegend.

es im Thurgau doppelt so viele Birn- wie Apfelbäume. Zu dieser Zeit gab es in der Schweiz allgemein wesentlich mehr Obstbäume als heute, doch die Gemeinde Arbon am Bodensee stand vermutlich mit zwölf Bäumen pro Einwohner an der Spitze.

Mit der Verbreitung des billigeren Rübenzuckers ging der Bedarf an Birnen zugunsten der Äpfel zurück. Heute ist der Thurgau der bedeutendste Apfelproduzent der Schweiz.

POMOLOGIE GEGEN DIE EINFALT

Die mächtigen Hochstämmer, deren Obst zu Most und neuerdings auch zu prickelndem Cidre verarbeitet wird, haben einen schweren Stand, da die Preise für Mostobst ständig sinken. Neben Subventionen benötigen Landwirte, die sich für die Erhaltung der nicht nur ökologisch wertvollen Riesen einsetzen, eine gehörige Portion Idealismus. In Mostindien besteht noch Hoffnung, denn es gibt immer noch 1500 Bauernbetriebe, die den Hochstämmern und ihren alten Sorten die Treue halten.

Die Erkenntnis, dass es sich bei den blühenden und fruchtenden Gärten um ein Kulturgut handelt, das vor dem Verschwinden bewahrt werden soll, hatte bereits der 1774 auf Schloss Bürglen im Thurgau geborene Caspar Tobias Zollikofer erkannt. Der naturwissenschaftlich bewanderte Mediziner beschrieb und aquarellierte mit Liebe und Akribie annähernd zweihundert einheimische Obstsorten, darunter viele Äpfel, denen sein besonderes Interesse galt. Die meisten davon kennt man heute nicht einmal mehr dem Namen nach: Egelshofer, Gelbjockerl, Knoblaucher, Rambour, Scheibenschmalzech, Pomme de Paradis, Höfler Reinette – diese und zahllose weitere alte Apfelsorten sind im Lauf der Zeit still und heimlich verschwunden, ohne Spuren zu hinterlassen. Zollikofers Ziel war die Erfassung aller vorhandenen Obstsorten, doch er starb, bevor er sein Werk vollenden konnte.

Ein anderer Thurgauer, der sich um den Apfel verdient gemacht hatte, war Gustav Pfau-Schellenberg (1815–1881). Der Feinmechaniker und Optiker konnte wegen eines Augenleidens seinen gelernten Beruf nicht mehr ausüben und wandte sich auf Anraten seines Arztes der Landwirtschaft zu. Er kaufte das Schlossgut Gristenbühl bei Neukirch-Egnach, gründete eine Schule für Obst- und Rebbau und setzte sich als Pomologe (Obstbaukundler) für die Erhaltung der Vielfalt in den schweizerischen Obstbaumgärten ein.

Das Engagement der beiden passionierten Männer konnte nicht verhindern, dass sich die Schweizer «Obstwälder» mehr und mehr lichteten. Nach einem enormen Aufschwung, der bis Mitte des 20. Jahrhunderts anhielt, bekamen die Landwirte die ausländische Konkurrenz zu spüren.

Schloss Altenklingen entstand im 16. Jahrhundert an der Stelle einer mittelalterlichen Ritterburg der Herren von Klingen. Vom berühmten Minnesänger Walther von Klingen sind acht Lieder überliefert.

THURGAUER APFELTORTE

TEIG 125 g Butter • 125 g Zucker • 1 Prise Salz • 1 gestrichener EL Backpulver • 2 Eigelb • 1/2 Zitrone, Saft • 4–5 Äpfel, je nach Größe • 200g Weißmehl • 6 EL Zucker für die Äpfel • evtl. Apfelgelee • etwas Butter

Butter mit Zucker und Salz schaumig rühren. Eigelbe und Zitronensaft darunterrühren. Mehl mit Backpulver sieben und unter die Masse arbeiten, bis ein glatter Teig entsteht.

Die Äpfel (z.B. Boskop) schälen, halbieren und das Kerngehäuse entfernen. Die äußere Seite der Apfelhälften so tief einschneiden, dass die Frucht noch zusammenhält. Eine Springform von 24 cm Durchmesser buttern und den Teig hineingeben. Die Apfelhälften in Zucker tauchen und mit der Wölbung nach oben auf den Teig setzen.

Bei 180°C ungefähr 40 Minuten backen. Eventuell die Tortenoberfläche mit Apfelgelee bestreichen. Indem man den Saft gekochter Äpfel mit Apfelsaft und Zucker konzentriert, erhält man Gelee.

Die Konsumgewohnheiten änderten sich, der Apfelsaft kam aus der Mode, und das Apfelangebot beschränkt sich zumeist auf einige wenige Allerweltssorten. Fructus, die Vereinigung zur Förderung alter Obstsorten, bemüht sich, die bedrohten Schätze für die Zukunft zu retten: «In der Schweiz gibt es Hunderte von alten Obstsorten, die oft nur in bestimmten Regionen und manchmal nur noch als einzelne, absterbende Bäume vorkommen.»

SYMBOL DER FRUCHTBARKEIT

Die landschaftliche Schönheit und das angenehme Klima spielten gewiss auch eine Rolle, dass sich der Adel an den Gestaden des Boden- und Untersees und in seinem lieblichen Hinterland niederließ: Die Zahl der Burgen, die im Hochmittelalter auf Thurgauer Boden standen, wird auf 120 geschätzt; heute sind immer noch stolze sechzig Burgen und Schlösser vorhanden, wenn auch zum Teil lediglich als Ruinen.

Die idyllische Gegend schien die Ritter zu Höherem zu inspirieren, denn sie brachte eine Reihe namhafter Minnesänger hervor: Ulrich von Singenberg, Walther von Klingen, Ulrich von Zazikofen, Burkhard von Wengen, Gast von Affeltrangen und Konrad von Ammenhausen schrieben Verse über die Frühlingsfreuden, den harten Winter und die herzgeliebte Herrin. Erstaunlicherweise spielte der Apfel in ihren Gesängen keine Rolle, obwohl er bereits in der Antike als Symbol der Liebe und Fruchtbarkeit galt.

Rund um die Burgen standen bis ins 13. Jahrhundert hauptsächlich Birnen-, Kirsch- und Nussbäume, aber auch für Edelkastanien, Pfirsiche und Aprikosen war es damals genügend mild. Erst später, als dank der Kunst des Pfropfens schmackhaftere Apfelsorten gezüchtet wurden, begann der Siegeszug der pausbäckigen Frucht.

Der Mostkrug mit Zinndeckel wurde 1690 getöpfert und befindet sich im Schweizerischen Landesmuseum, Zürich. Wahrscheinlich zierte er einst die Tafel einer vornehmen oder zumindest bürgerlichen Familie.

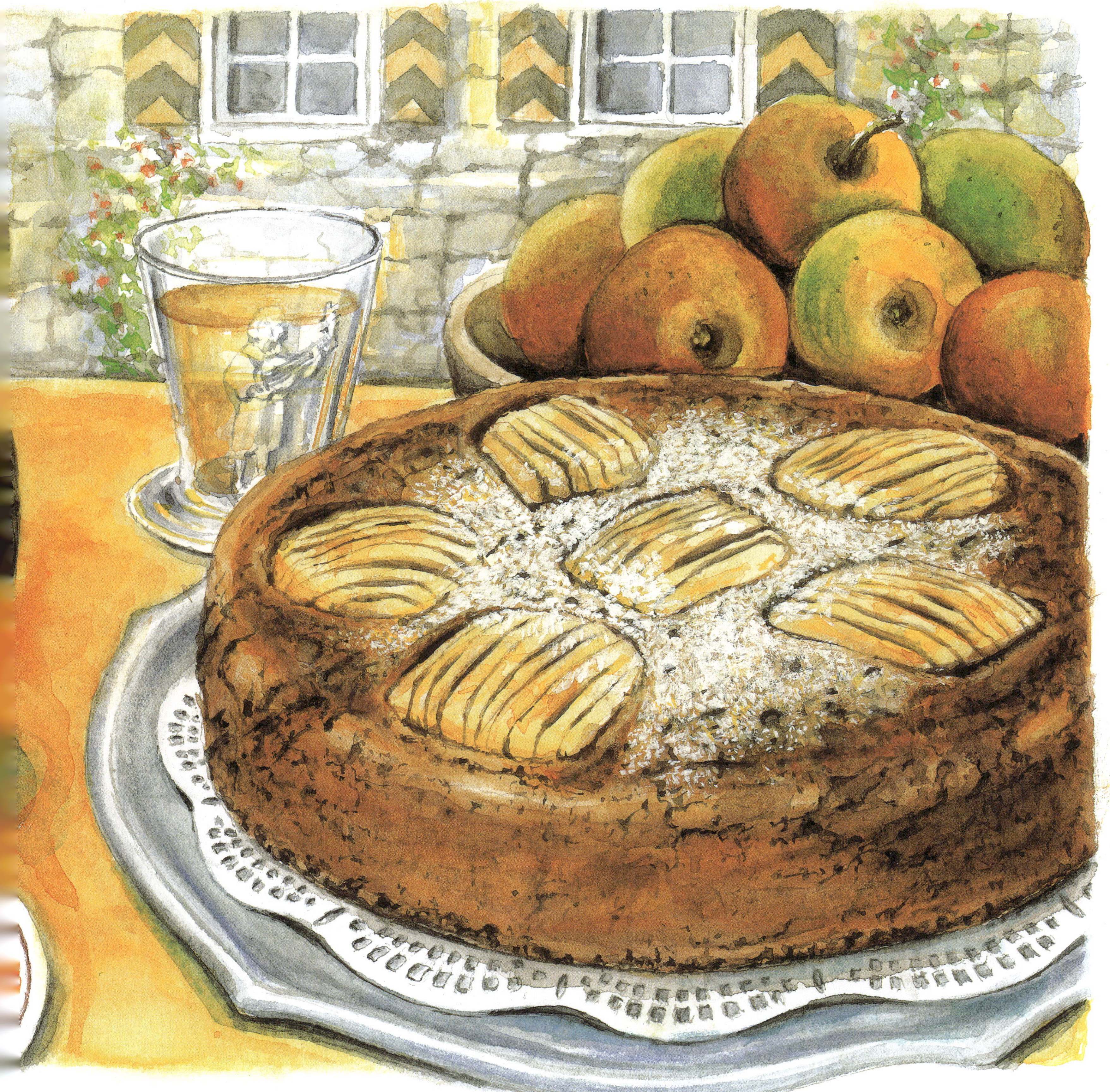

EINSIEDLER SCHAFBÖCKE – *Das himmlisch duftende Pilgergebäck aus dem finstern Wald ist uralt*

OHNE ANDENKEN IST DIE EINSIEDELN-WALLFAHRT NICHT DENKBAR. IN DEN KRAMLÄDEN AUF DEM KLOSTERPLATZ LAUFEN DIE GESCHÄFTE SEIT DEM MITTELALTER GUT. DAS BELIEBTESTE MITBRINGSEL FÜR DIE DAHEIMGEBLIEBENEN IST NACH WIE VOR DER SCHAFBOCK.

Wie bei allen berühmten Pilgerorten lebt die Gründungsgeschichte Einsiedelns von frommen Legenden und mirakulösen Ereignissen. Sie bilden das Fundament, auf dem eines der größten Wallfahrtszentren des Abendlandes gewachsen ist. Das erste «Wunder» vollbrachten die beiden klugen Raben, die den Mord am heiligen Eremiten Meinrad rächten. Über der Zelle des gemeuchelten Mönchs bauten Waldbrüder eine Kapelle, die am 14. September 948 vom Bischof von Konstanz hätte geweiht werden sollen. Es wird berichtet, dass ein Engel ihn daran hinderte, da Christus selbst in der vorangehenden Nacht der Kapelle den Segen erteilt habe. Diese als «Engelsweihe» bis heute gefeierte Vision war der zündende Funke: Das junge Benediktinerkloster im «Finstern Wald» wurde zum populären Wallfahrtsziel für Christen aus nah und fern.

Die Anziehungskraft der schwarzen Madonna war groß, und der Strom der Wallfahrer schwoll ständig an. Im Jahre 1466, zur festlichen Engelweihe, wurden 130 000 Pilgerzeichen verkauft.

Wallfahren hatte sich im Mittelalter zur Massenbewegung entwickelt. Die Sehnsucht nach dem Göttlichen, das Heil von Körper und Seele, der Wunsch nach Kindern, einem Ehegespons, nach Reichtum und beruflichem Erfolg oder auch einfach Liebeskummer trieb die Menschen hinaus auf die von Klöstern und Gasthäusern gesäumten Pilgerstraßen.

EIN SCHÄFCHEN AUF DER WIESE

Gebäck mit religiösem Symbolcharakter war einst weit verbreitet. Bereits die Ägypter und Babylonier vernaschten ihre Götter in Kuchenform, und die Römer weihten ihnen speziell geformte Brote. Im Mittelalter hatte jeder Wallfahrtsort, der etwas auf sich hielt, ein spezielles Gebäck kreiert, das die Pilger stärken und ihnen den Weg versüßen sollte. Wie die Abzeichen und Rosenkränze wurde das gesegnete Wallfahrtsgebäck auch als Andenken an die Pilgerreise gekauft und nach Hause getragen. Bei den Wallfahrtsorten an der Jakobsroute waren Süßigkeiten in Form der Jakobsmuschel häufig. Populär waren zudem Krapfen und Lebkuchen mit dem Modelabdruck des Klosters oder eines andern Heiligtums. Ein humorvoller Bäcker in der deutschen Stadt Aschaffenburg erfand die Dürrbeinerchen aus Hefeteig als Verulkung der vom Wandern dünn gewordenen Pilgerbeine.

Eines der originellsten und symbolträchtigsten Wallfahrtsgebäcke ist der Einsiedler Schafbock: Da es ein Lamm darstellt, das friedlich auf einer Wiese kauert, wurde es

In Erinnerung an die legendäre Einweihung der Gnadenkapelle wird der Klosterplatz am 14. September mit Hunderten von Kerzen illuminiert. Kerzen standen auch am Anfang der Einsiedler Schafböcke.

lange Zeit auch einfach «Schäfli» genannt. Schließlich setzte sich jedoch irgendwann der derbere «Holebänz» oder «Hälibock» durch, der sich aus dem althochdeutschen *holi* für heilig und *Bänz* für Schafbock bildete. Das Lamm oder Schaf ist das Sinnbild des sich opfernden Christus und wird in diesem Zusammenhang oft mit einer Kreuzfahne dargestellt. Der Grund für den Namenswechsel liegt wohl darin, dass vorwiegend männliche Lämmer geopfert wurden, da man die weiblichen Schafe für die Aufzucht benötigte.

Niemand weiß, seit wann Einsiedler Schafböcke gebacken werden, doch sie gelten als das älteste Wallfahrtsgebäck, das bis heute produziert wird. Den Anstoß

Die schwarze Madonna von Einsiedeln wurde vom Volk sofort ins Herz geschlossen. Ihretwegen pilgern seit dem frühen 15. Jahrhundert zahllose Menschen aus aller Welt in die barocke Klosterkirche.

gaben wahrscheinlich die Benediktinermönche, die über eine Unmenge Bienenstöcke verfügten. Diese dienten in erster Linie dazu, ausreichend Wachs für die in der Kirche und im Kloster benötigten Kerzen zu liefern. Kerzen dienten nicht nur zur Beleuchtung, sie wurden auch als Opfergaben von den Pilgern massenweise gekauft und gespendet. Da sie die anfallenden Honigmengen nicht selber verzehren oder verbacken konnten, überließen sie den süßen Stoff zur Weiterverarbeitung den Einsiedlern.

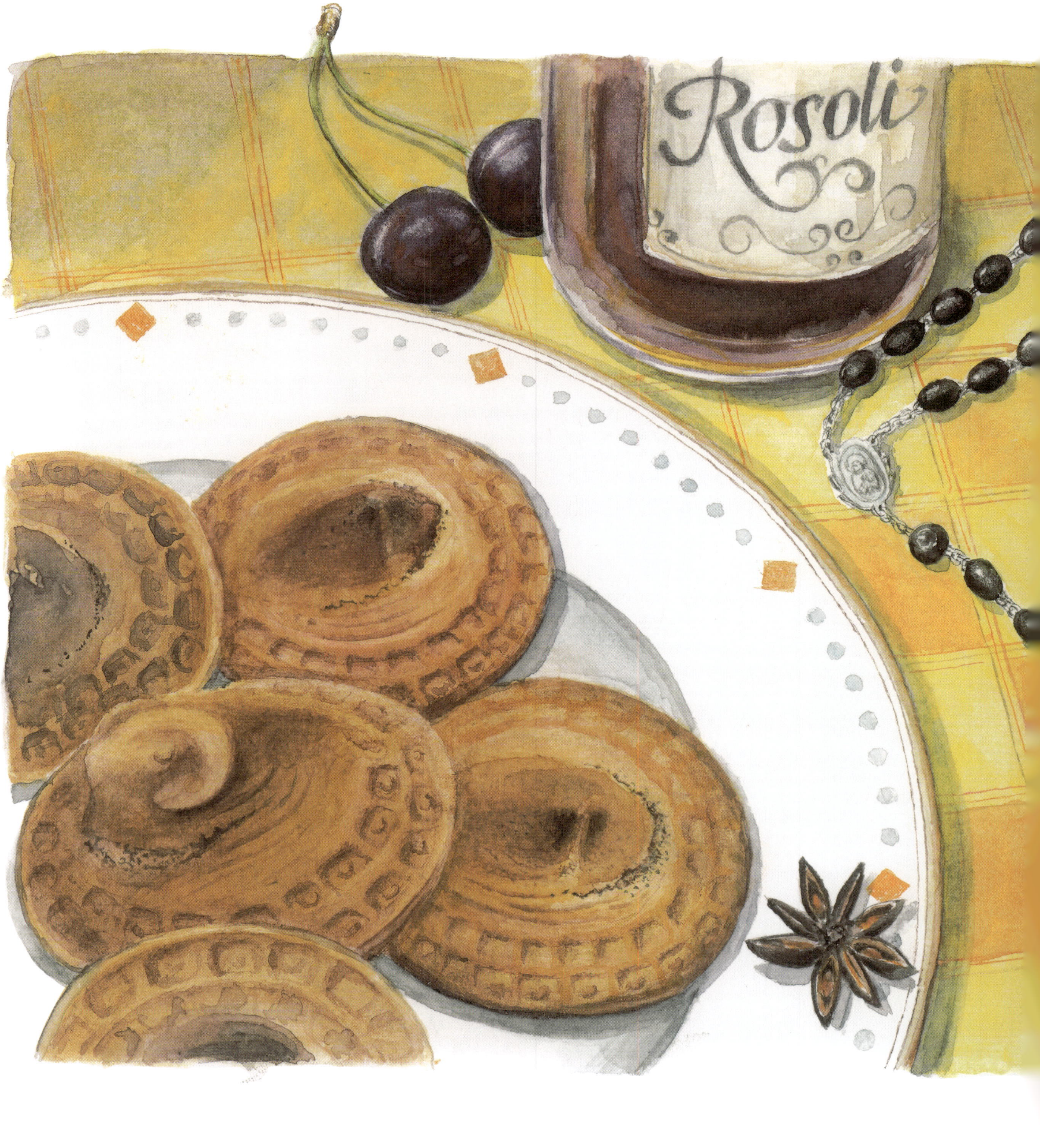
Rosoli

EINSIEDLER SCHAFBÖCKE

TEIG 300 g Waldhonig • 80 g Zucker • 300 g Weißmehl • 10 g Triebsalz • Wasser • etwas Öl

Den Honig wärmen, damit er flüssig wird. Zucker, Triebsalz und gesiebtes Weißmehl daruntermischen. Soviel Wasser dazugeben, dass ein fester, aber geschmeidiger Teig entsteht und gut durchkneten.

Die Schäflimodel einölen. Eine Portion Teig in die Form drücken und wieder herausklopfen. Bei etwa 250°C Oberhitze nur so lange backen, bis die vorspringenden Teile gebräunt und knusprig sind. Das Innere bleibt weich und hell, im Gegensatz zum Züri-Tirggel, der eher hart ist. Dasselbe gilt für die Einsiedler Chräpfli und Biberli.

Die typischen Einsiedler Spezialitäten wie die Schafböcke, die weißen und braunen Einsiedler Chräpfli und der Rosoli erinnern an die alten, lukrativen Zeiten, wo sich im Klosterdorf alles um die Pilger drehte.

GEHEIMNISVOLLE REZEPTUREN

Für viele Einsiedler Familien boten die in Scharen ins Hochtal wandernden Pilger die Möglichkeit, sich ein Zugeld zu verdienen. Es war lange Zeit vorwiegend Frauensache, die Schäfli im Holzofen zu backen und vor dem Haus oder an den Ständen auf dem Klosterplatz unter die Leute zu bringen. Schon damals hüteten die Frauen ihre Rezepte und gaben sie jeweils bloß der ältesten Tochter weiter. Möglicherweise enthielten sie früher mehr Gewürze als heute und schmeckten deshalb eher wie Lebkuchen.

Den Männern oblag es, Holz für den fast rund um die Uhr brennenden Ofen herzuschaffen. Die Begabten schnitzten aus dicken Holzblöcken Model in unterschiedlicher Größe oder formten sie aus Lehm. Mit den größten wurden die sogenannten Familienböcke zubereitet. Im Lebkuchenmuseum in Einsiedeln sind alte, beeindruckende Schäflimodel ausgestellt. Das Museum wurde von der Bäckerei Goldapfel eingerichtet, die seit 1850 Schafböcke und Lebkuchen als Haupterwerb produziert. Zwei Jahre danach öffnete die Bäckerei Tulipan ihren Laden. Die beiden Häuser sind die einzigen Schäflibäcker, die ihrer Spezialität treugeblieben sind.

Die religiöse Bedeutung der Einsiedler Schafböcke ist nur noch wenigen bewusst, man kauft sie als Souvenir oder weil das eigentümliche Gebäck so schön nostalgisch ist. Ähnliches gilt für den Einsiedler Rosoli: Der Likör aus Kirsch, Träsch, verschiedenen Gewürzen, Zucker und getrockneten Kirschen erlebt als regionale Spezialität eine Renaissance. Das Urrezept soll von einem italienischen Arzt aus Aquavit, Honig und Rosenwasser zusammengebraut worden sein. Es hat einigen Innerschweizer Söldnern anscheinend so gut gemundet, dass sie den Rosoli in der ersten Hälfte des 16. Jahrhunderts nach Nidwalden brachten. Nach einer andern Version war er von Viehhändlern in die Gegend geliefert worden.

TAILLAULE NEUCHÂTELOISE – *Die traditionelle Neuenburger Brioche fürs festliche Bankett und den süßen Alltag*

DIE NEUENBURGER KÖNNTEN SICH EIN LEBEN OHNE DIE TAILLAULE WOHL SCHLECHT VORSTELLEN. DAS GEBÄCK MIT DEN KECKEN SPITZEN WIRD IN SÄMTLICHEN BÄCKEREIEN UND KONDITOREIEN FEILGEBOTEN UND IST DIE IDEALE BEGLEITERIN VON TEE, KAFFEE UND WEIN.

Der Kanton Neuenburg ist von Kontrasten geprägt. Im unteren Kantonsteil mit dem milden Seeklima wird seit der Römerzeit Weinbau betrieben, während oben, im «schweizerischen Sibirien», wo in den langen, schneereichen Wintern Temperaturen von bis zu minus 40 Grad Celsius erreicht werden können, die Landwirtschaft von der Viehzucht bestimmt wird. Die Geschichte hat die topographischen Unterschiede noch vertieft. Nach der Reformation entwickelte sich die Hauptstadt zu einem blühenden kulturellen Zentrum und zu einer Handelsmetropole: Reiche Kaufleute bauten damals das weltliche Wahrzeichen der Stadt, die prächtige Maison des Halles als Korn- und Stoffmarkt. In die kargen Hochebenen des Neuenburger Oberlands zog nur freiwillig, wer die vom Neuenburger Adel gewährte Zunftfreiheit zu schätzen wusste, später vor allem aus Frankreich geflohene protestantische Hugenotten, die hier der Uhrmacherkunst zum Durchbruch verhalfen.

Als sich das Fürstentum Neuenburg nach dem Tod der Gräfin Marie de Nemours, der letzten Regentin aus dem Hause Orléans, am 3. November 1707 unter die Oberhoheit Preussens begab, begann vor allem für die Stadtbürger ein goldenes Zeitalter, das ein Jahrhundert lang anhielt. Für die «Bergler» hingegen wurden die Zeiten nicht ganz so rosig, doch die Uhrmacherei und die Stoffdruckerei verschafften den Bauernfamilien ein bescheidenes Einkommen. La Chaux-de-Fonds entwickelte sich vom Dorf zum Handwerkerstädtchen, derweil sich Neuenburg durch seine eleganten Herrenhäuser ein aristokratisches Gepräge verschaffte.

GRÜNE FEE FÜR HERZ UND MAGEN

Während des 18. Jahrhunderts genoss das Neuenburger Patriziat fast unbegrenzte Freiheit, denn der preußische König kümmerte sich herzlich wenig um seine neuen Besitztümer, weshalb es hieß: «Il régnait, mais il ne gouvernait pas» (Er herrschte, aber er regierte nicht). Dank der Hugenotten florierte die Industrie, und das sonst erzkalvinistische Neuenburg genoss die Annehmlichkeiten französischer Gastlichkeit und Gastronomie in vollen Zügen. Kündigte sich offizieller Besuch an, ließ man sich nicht lumpen. Anlässlich eines 1737 bei der Richterwahl veranstalteten Banketts wurden zwanzig Gänge aufgetragen, darunter acht Fleischgänge und als Dessert Torten, Biskuits, Pralinen, Bricelets, Beignets, Obst und Kastanien. Als Aperitif gab's Absinthwein, eine harmlose Variante der berühmt-berüchtigten Grünen Fee, um den Magen für die kommenden Strapazen zu stärken und den Appetit zu fördern.

Als 1762 Jean-Jacques Rousseau vor den französischen Katholiken nach Neuenburg flüchtete, wurde ihm in Môtiers während dreier Jahre Asyl gewährt. Er bewunderte das handwerkliche Geschick der Bergbewohner, während er die «bessere» Gesellschaft in der Stadt im allgemeinen weniger schätzte, was auf Gegenseitigkeit beruhte. Eine Ausnahme bildete der überaus wohlhabende und gastfreundliche Pierre-Alexandre DuPeyrou, der den unbequemen Philosophen protegierte und verteidigte.

Die Frage, ob der Naturromantiker und Genießer Rousseau sich im Exil hin und wieder der betäubenden Fée verte hingab, die im Val-de-Travers damals schon gebrannt wurde, bleibt offen: Er schwärmte in erster Linie vom klaren Wasser der Quellen und Bergbäche im Neuenburger Jura und den süßen Walderdbeeren, die er in den Wäldern sammelte. Er soll jedoch öfters in der Ferme Robert, dem urchigen Gasthof im Kessel des Creux-du-Van, eingekehrt sein. Vermutlich hat er dort eine deftige Käseschnitte gegessen, möglicherweise auch ein dickes, buttriges Stück Taillaule, frisch aus dem Holzofen.

FEINES FÜRS FRÜHSTÜCK

An einem am 25. September 1776 in La Neuveville zelebrierten Riesenbankett wurden nach diversen Suppen und Häppchen 56 Vorspeisen, 18 große Zwischengänge, 28 Hauptgänge, 28 Gemüse und Salate sowie unzählige Desserts aufgetragen. Ob der Traiteur von Solothurn, der dieses gargantueske Mahl gekocht und geliefert hatte, auch der Taillaule einen Platz einräumte, ist nicht überliefert. Die damals noch radförmige Neuenburger Spezialität war jedoch bei kleineren Empfängen obligatorisch. Große Taillaules wurden jeweils mit Wein, Tee und Kaffee gereicht.

Anlässlich des Trueschwurs vom 11. November 1786 offerierte die Gemeinde von Saint-Blaise den Behördemitgliedern einen Frühstücksimbiss mit Schinken, Huhn, Zunge, Pasteten, Taillaule und Leckerli. Das kleine Frühstück, das nach französischer Manier nach dem Erwachen genossen wurde, bestand in betuchteren Kreisen aus Taillaule, Brot, Butter, Honig und Kaffee.

Das Hôtel DuPeyrou ist das prunkvollste Herrenhaus des Kantons Neuenburg. Der aus einer hugenottischen Händlerfamilie stammende Pierre-Alexandre DuPeyrou legte großen Wert auf gepflegte Gastlichkeit.

TAILLAULE NEUCHÂTELOISE

TEIG 500 g Weißmehl • 125 g Zucker • 3 dl Milch • 1 Ei • 80 g Butter und 1 EL Schweineschmalz (oder 100 g Butter) • 1/2 Zitrone, geraspelte Schale • 1 Prise Salz • 20 g frische Hefe • 10 g Malz (Pulver oder flüssig) • 150 g Rosinen • 50 g Orangeat • 50 g Zitronat • etwas Butter • 1 Ei, verquirlt • 50 g gehobelte Mandeln

Die Milch wärmen und die Hefe darin auflösen. Das Mehl in eine große Schüssel sieben, Zucker, Ei, Zitronenschale, Salz und Malz dazugeben und zu einem glatten Teig verarbeiten. Die weiche Butter und eventuell Schmalz dazugeben und gut verkneten. Rosinen, Orangeat und Zitronat daruntermischen. Die Schüssel mit einem Tuch decken und den Teig an einem warmen, zugfreien Ort etwa drei Stunden aufgehen lassen.

Je nach Größe eine oder zwei Cakeformen buttern. Den Hefeteig in die Form(en) geben. Die Oberfläche mit Ei bepinseln und mit der Schere im Zickzack einschneiden, damit sich die typischen Spitzen bilden. Mandeln darüberstreuen und bei 200°C etwa 25 Minuten backen. Schweineschmalz ist aus der Mode gekommen, viele Bäcker schwören jedoch nach wie vor darauf.

In einfacheren Familien buk man die Taillaule, die viel Butter, Eier und Zucker enthielt, ausschließlich für die festliche Tafel. Weinbeeren und kandierte Zitrusfrüchte wurden nicht jedesmal beigegeben, sie waren teuer und galten als Luxus. Der Hefeteig wurde zuweilen zusätzlich mit Rahm angereichert. Touristen, die den Jura besuchten, lobten mit überschwenglichen Worten die ausgezeichnete Butter, den Rahm und den Käse der Gegend.

Während sich der Milchkaffee in der Schweiz bei der städtischen und ländlichen Bevölkerung innert kurzer Zeit als beliebtes Alltagsgetränk durchgesetzt hatte, blieben Tee und heiße Schokolade noch längere Zeit nur für Wohlhabende erschwinglich. Mit diesen exotischen Genüssen verwöhnte sich die Oberschicht vorwiegend am späteren Nachmittag; dazu war die Taillaule eine ebenbürtige Begleiterin. Die kleinen, aber feinen Nachmittagsfreuden wurden durch ausgesuchte Utensilien zusätzlich geadelt: Zierliche, prächtig dekorierte Tassen, Kännchen, Zuckerstreuer und Teller aus hauchfeinem Porzellan, Besteck aus Silber und Gold schmückten die Tafel. Es wurde damit ein wahrer Kult getrieben, von dem Porzellanmanufakturen und Silberschmiede profitierten.

Trotz aller Vornehmheit vergaßen die Neuenburger ihre überlieferte bäuerliche Küche nicht. Unter den alten Backrezepten gibt es mehrere, bei denen die *greubons* (Grieben) eine wichtige Rolle spielen. Die Hausfrauen stellten sie her, indem sie Schweins- oder Rindfett in winzige Stücke schnitten und langsam ausließen. Die knusprigen Rückstände wurden auch in süßen Fladen und Kuchen verarbeitet.

In der ländlichen Neuenburger Küche wie auf der Tafel der Reichen, die sich an der höfischen Esskultur des benachbarten Frankreichs orientierten, konnte die buttrige Taillaule ihre Stellung behaupten.

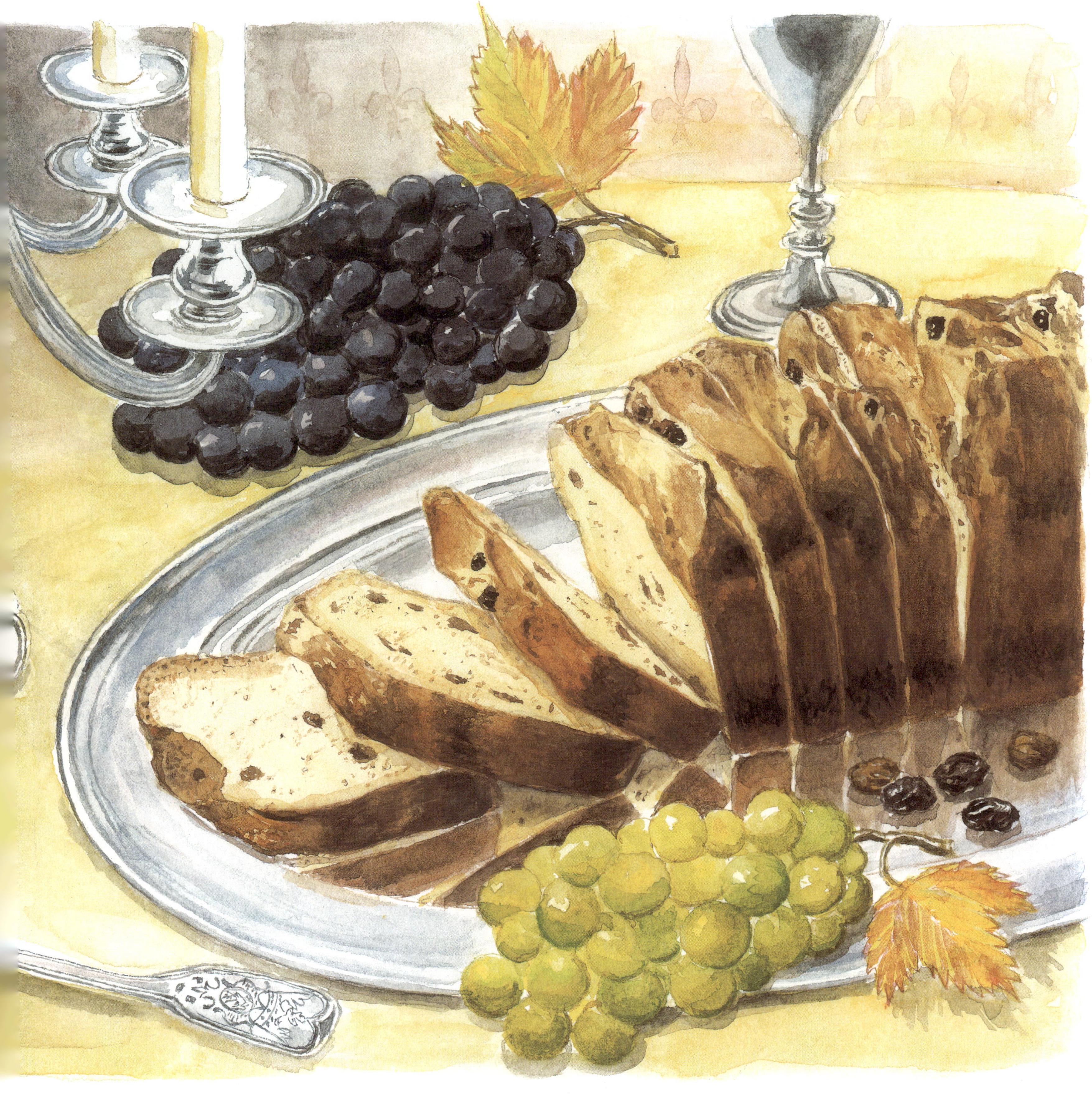

FREIBURGER BRICELETS – *Die mit Doppelrahm gefüllten, knusprigen Bretzeln adeln das legendäre Bénichon-Menü*

VON ENDE SEPTEMBER BIS MITTE OKTOBER, NACHDEM DIE FREIBURGER SENNEN MIT DEM VIEH ZU TAL GEZOGEN SIND, WIRD IM GREYERZERLAND GESCHLEMMT UND GEFEIERT. ES IST DER TRADITIONELLE DANK FÜR ALLES, WAS EINEM DER SOMMER GESCHENKT HAT.

Es erzeugt noch immer Gänsehaut, wenn die Älpler mit ihren Viehherden ins Dorf ziehen, braungebrannte, bärtige Könige, deren Berglerschritt mit dem Klang der schwingenden Kuhglocken übereinstimmt. Früher, als es noch keine Fahrstraßen, Handys und Helikopter gab, war der Alpabzug selbstverständlich noch viel feierlicher, doch im Greyerzerland wird darauf geachtet, dass die alten Traditionen und Bräuche trotzdem nicht gänzlich in Vergessenheit geraten nach dem Motto: Was Sinn und Freude macht, bleibt.

Man geniert sich deshalb nicht, manches als *sacré* zu bezeichnen. Der *Ranz des Vaches* (Kuhreihen) gehört dazu: Das Lied besingt den Alpaufzug, die sogenannte «Poya». Beim berühmten «Lyôba», mit dem die Sennen die Kühe zum Melken lockten, sollen selbst die rauhbeinigen Schweizer Söldner am Hof von Versailles so sehr vom Heimweh gepackt worden sein, dass sie den König König sein ließen und Hals über Kopf desertierten.

Mit Poya werden ebenfalls die großen Gemälde an den Fassaden von Bauernhäusern und Scheunen bezeichnet, die den Alpaufzug (nie den Abzug!) mit Vieh, Ross und Wagen in einem langen Zug zeigen. Einige der schönsten Beispiele sind im Musée gruérien in Bulle ausgestellt, doch sie schmücken und schützen immer noch zahlreiche bäuerliche Gebäude in der Gegend.

ERNTEDANK UND SENNENKILBI

Das Wort «Bénichon» entwickelte sich aus dem französischen *bénédiction* (Segnung, Weihe). Nach dem Alpabzug stand ursprünglich der Gottesdienst im Mittelpunkt, mit dem für den gelungenen Käse, den Rahm, die Butter gedankt wurde. Gedankt wurde auch, dass Mensch und Vieh – Rinder, Kühe, Schafe, Ziegen, Schweine – den Alpsommer heil überstanden hatten. Aus dem religiösen Erntedankfest des Mittelalters wurde mit der Zeit eine fröhlich-weltliche Sennenkilbi, die bis weit über die Kantonsgrenzen hinaus Besucher ins Greyerzerland zieht.

In Charmey und Albeuve finden jeweils im Oktober farbenprächtige Umzüge zum Thema Alpabzug statt; an Marktständen

Im Greyerzerland ist die Désalpe, der Alpabzug, zum beliebtesten Volksfest des Jahres geworden. Die Kühe werden geschmückt, und die Sennen tragen den *bredzon*, den stets offenen Trachtenkittel.

werden einheimische Spezialitäten feilgeboten, beispielsweise die frisch zubereiteten Bricelets; Künstler und Handwerker demonstrieren bodenständiges Werken; Alphornbläser und Fahnenschwinger untermalen das Ganze auf volkstümliche Weise.

Im Mittelpunkt steht jedoch die üppige Mahlzeit, die hauptsächlich in Gasthäusern und Wirtschaften serviert wird, die für ihre Bénichon weiterum bekannt sind. Früher versammelte sich das Dorf zum Festessen, heute schmaust man im Familien- oder Freundeskreis, aber wie eh und je nach überlieferter Abfolge der Gänge. Bei einer richtigen Bénichon darf keinesfalls fehlen: Cuchaule mit Bénichon-Senf; Kohlsuppe; Lammvoressen und/oder Lammkeule mit Botzibirnen und Kartoffelstock; hausgeräucherter Schinken mit Bohnen; Käsepeplatte mit Greyerzer und Vacherin; Beeren, Bricelets, Meringues und Cuquettes (Fladen) mit Doppelrahm; Anisguetzli. Der Kaffee und Schnaps zum Abschluss sind wohlverdient. Soll es noch üppiger sein, kommen Würste, Speck, Siedfleisch, Mark sowie verschiedene Gemüse und Salate hinzu …

JE FETTER DESTO BESSER

Heute ernährt sich das Alppersonal nicht viel anders als die übrige Bevölkerung. Doch noch vor einigen Jahrzehnten war die Älplerkost fast unvorstellbar gleichförmig und schlicht. Zur Hauptsache lebten die Sennen von Milch, Molke und Ziger sowie Rahm, Butter und Käse. Die Hauptmahlzeit war ein Brei aus Milch, Rahm und Mehl oder eine Suppe aus verdünntem Rahm, Schotte und Ziger. Beides wurde mit Holzlöffeln aus einer gemeinsamen Schüssel gegessen. Dazu reichte man ein wenig Brot und trank ein Glas Schnaps. Fleisch und Gemüse gab es nur ausnahmsweise, etwa wenn der Alpmeister oder Besucher aus dem Tal etwas mitbrachten.

Kamen die Sennen (*armaillis*) und Hütebuben (*bouébos*) nach drei, vier Monaten ins Dorf zurück, wurden sie mit dem Bénichon-Mahl für die Zeit der Entbehrung entschädigt: Endlich einmal wieder genug Fleisch! Und die Frauen verwöhnten sich und ihre Lieben außerdem mit Selbstgebackenem und der dicken, fetten Crème double, dem Doppelrahm, der bei keinem Greyerzer Festessen fehlen darf. Sie erhitzten die schweren Bretzeleisen über der Glut des Holzherds oder des offenen Feuers, gossen einen Löffel Teig auf eine Hälfte und klappten das Eisen zu. Es brauchte Übung und Geschick, um perfekte Bricelets herzustellen, denn das Eisen musste genau die richtige Temperatur haben und der Teig durfte weder zu dick noch zu flüssig sein. Die oft reichverzierten Bretzeleisen sind das Werk der Dorfschmiede, die sämtliche Werkzeuge und Geräte herstellten. Sie waren selten schmucklos und unpersönlich und blieben während Generationen in Gebrauch.

Der Auftakt des Menüs gehört ebenfalls zu den heiligen Kühen der Freiburger Gastronomie: Die Cuchaule, ein meist süßes Hefebrot mit Safran, wird mit dem ebenfalls süßlichen Bénichon-Senf bestrichen. Die Moutarde de Bénichon besteht aus einer Mischung von Vin cuit (Konzentrat von Birnen- und/oder Apfelsaft), Gewürzen wie Senfpulver, Zimt, Anis und Nelke sowie Zucker.

FREIBURGER BRICELETS

TEIG 4 dl Wasser • 1 dl Weißwein
• 250 g Zucker • 1 Ei • 1 Prise
Salz • 1 Zitrone, geraspelte Schale und Saft
• 125 g Butter • 1 EL Schweinsfett
• 500 g Weißmehl • 2,5 dl Vollrahm • 1 Gläschen Kirsch

Wasser und Wein wärmen. Zuerst den Zucker, dann die Butter und das Schweinsfett darin auflösen und alles erkalten lassen. Das Ei schlagen und darunterrühren. Das gesiebte Mehl löffelweise unter die Flüssigkeit mischen. Der

Teig soll glatt und cremig sein. Salz, Zitronensaft und -schale, Rahm und Kirsch dazugeben. Mindestens 2 Stunden ruhen lassen.

Die Bricelets mit einem Bretzeleisen backen. Dank ihres Fettgehalts sollten sie nicht festkleben. Die gebackenen Bricelets können noch heiß um den Stil eines Kochlöffels gerollt werden. Sind sie erkaltet, werden sie mit Hilfe einer Spritztüte mit leicht gezuckertem Schlagrahm – wenn möglich nehme man Crème double – gefüllt.

Das Bénichon-Essen ist eine Verbindung lebendiger Sennenkultur und Westschweizer Genussfreude. Die alten Bretzeleisen sind nur noch selten in Gebrauch, während Trachtenzubehör wie die Lecktasche immer noch getragen werden.

SANKT-GALLER KLOSTERTORTE – *Ein altes Rezept aus der Backstube der ehemaligen Benediktinerabtei an der Sitter*

WEIL ER EINEN BÄREN MIT EINEM STÜCK BROT GEZÄHMT HATTE, IST DER HEILIGE GALLUS ZUM PATRON DER SCHWEIZER BÄCKER ERNANNT WORDEN. DER MÖNCH – ODER WAR ES EINE NONNE? – DER DIE TORTE ERFAND, WÜRDE EBENFALLS EINE AUSZEICHNUNG VERDIENEN.

Die alte Klosterküche erlebt eine Renaissance, jedenfalls in der Kochbuchliteratur. Im allgemeinen ist Nostalgie die Antriebskraft, wenn in stockfleckigen Folianten nach den Geheimnissen der mönchischen Gastronomie gefahndet wird: Sie hatte einen ausgezeichneten Ruf und schmeckte selbst Fürstinnen und Kaisern. Den reichen Konventen mit ihrem ausgedehnten Grundbesitz standen stets ausreichend Nahrungsmittel zur Verfügung, um sich selbst, die Pilger und Gäste standesgemäß zu verköstigen. Auch an Bier, Wein und Branntwein mangelte es nicht; sie wurden häufig selbst produziert oder stammten von den klostereigenen Gütern.

Der Speisezettel der Frauen- und Männerklöster war um 1500 erstaunlich reichhaltig. Selbst an einem gewöhnlichen Wochentag wurde zur Hauptmahlzeit am Mittag gesottenes Fleisch, Braten und Geflügel serviert; dazu gab es Eier, Rüben und Milch, Weißkraut und Gurken. Abends aßen die Klosterneuburger Chorfrauen eingemachte Zunge, Gänse, Schweinesulz sowie in Essig eingelegte Eier. Am Fastensonntag gab's zu Mittag Fisch in Pfeffer, gebratenen Fisch, Erbsen mit Äpfeln, Mandelmilch und Spezereien. Nicht erwähnt, da selbstverständlich, werden das Brot und die Suppe. In den Benediktinerklöstern wurde jedem Mönch ein Pfund pro Tag zugeteilt, es konnte auch mehr sein, zum Beispiel wenn auf dem Feld gearbeitet wurde.

DAS BROT, DAS BÄREN SCHWACH MACHT

Bei der Gründung des Klosters Sankt Gallen spielt Brot eine wichtige Rolle. Die Legende berichtet, dass Gallus um 590 von Irland aufs europäische Festland gezogen sei, um die neue christliche Lehre zu verkünden. Nach ein paar Jahren wurde ihm die Missionarstätigkeit zuviel, weshalb er gemeinsam mit dem Glaubensgenossen Hiltibold ein schönes, ruhiges Plätzchen suchte, wo er eine Klause bauen wollte. Eines Abends kamen sie in eine Schlucht mit einem Wasserfall – es war die Mühleggschlucht bei Sankt Gallen. Hiltibold fing Fische im Bach, briet sie und servierte sie auf einer Scheibe Brot. Gallus gefiel es hier so gut, dass er sich entschloss, den Rest seines Lebens an diesem wildromantischen Ort zu verbringen.

Anschließend versuchten sie zu schlafen, doch Gallus erhob sich wieder und betete. Da trabte ein großer Bär den Hang herunter und verschlang die Reste des Mahls. Hiltibold zitterte vor Angst, doch Gallus trat furchtlos auf das Tier zu und befahl ihm, ein Holzstück ins Feuer zu werfen. Sogleich eilte der Bär ins Waldesinnere, kehrte dann mit einem gewaltigen Klotz zurück und warf ihn in die Glut. Worauf der Gottesmann ihm ein Stück Brot reichte unter der Bedingung, nachher das Weite zu suchen und niemals mehr in dieser Gegend aufzutauchen. Der Bär brummte ein wenig und verzehrte genüsslich sein Brot. Es muss ihm überaus gut geschmeckt haben, denn er schlug sich alsbald in die Büsche und ward nie mehr gesehen.

Der heilige Gallus starb zwischen 620 und 650; als Todestag wird der 16. Oktober angenommen. Im Jahre 747 wurde anstelle der Klause eine Abtei nach den Regeln des heiligen Benedikt errichtet. Obwohl diese Ordensregeln nicht allen Mönchen genehm waren und Spannungen entstanden, erlebte das Kloster Sankt Gallen seine erste Blütezeit.

Seit 2002 wird der Welttag des Brotes gefeiert, dem heiligen Gallus zu Ehren jeweils am 16. Oktober. Initiant dieses Anlasses ist der Internationale Verband der Bäcker und Bäcker-Konditoren, die an diesem Tag über die Geschichte ihres Gewerbes und des Brotes informieren.

DIE KUNST DES MASSHALTENS

Vom Kaiser geschützt und mit reichen Schenkungen bedacht, entwickelte sich das bescheidene Kloster innert kurzer Zeit zu einem abendländischen Zentrum wissenschaftlichen und kulturellen Lebens: Schule und Schreibstube genossen einen hervorragenden Ruf. Um das Jahr 850 zählte seine Bibliothek bereits 400 Handschriften, zu einer Zeit, als selbst gekrönte Häupter nicht immer lesen konnten. Angelockt von den Schätzen, die sich in der Abtei angehäuft hatten, preschten 923 die Ungarn auf ihren kleinen Pferden ans südliche Ufer des Bodensees. Um solche Plünderungen und Verwüstungen künftig zu verhindern, wurde die Siedlung, die sich beim Kloster gebildet hatte, mit einer Ringmauer gesichert. Die Stiftskirche und der prunkvolle Bibliothekssaal entstanden in der zweiten Hälfte des 18. Jahrhunderts. Damals war der alte Glanz bereits verblasst; 1805 beschloss der Große Rat des neuen Kantons Sankt Gallen die Aufhebung der Abtei.

Die nach spätantiker Manier geschnitzte Elfenbeintafel aus dem 9./10. Jahrhundert zeigt die Gründungslegende des Klosters St. Gallen und ist gleichzeitig die älteste bekannte Brotdarstellung der Schweiz.

Eines der kostbarsten und interessantesten Dokumente der Stiftsbibliothek ist der Sankt Galler Klosterplan aus dem frühen 9. Jahrhundert. Er stellt einen idealen Benediktinerkonvent dar, der sich weitgehend selbst

SANKT-GALLER KLOSTERTORTE

TEIG 150 g Butter • 100 g Zucker • 200 g ungeschälte Mandeln, gemahlen • 20 g Schokoladepulver • 1 TL Zimt • 1 Msp Gewürznelken • 10 g Backpulver • 250 g Mehl, gesiebt • 1/2 dl Milch • 250 g Johannisbeer- oder Himbeerkonfitüre • 1 Eigelb • etwas Puderzucker

Weiche Butter mit Zucker schaumig rühren. Mandeln, Schokoladepulver, Gewürze, Backpulver, Mehl und Milch nach und nach dazugeben und gut mischen. Den Teig in einer Folie ein bis zwei Stunden im Kühlschrank ruhen lassen.

Eine 24–25 cm große Springform buttern und mit Mehl bestäuben. 3/4 des Teigs auswallen und als Boden in die Form geben. Den Rest ebenfalls auswallen und mit dem Teigrädlein in Streifen schneiden. Die Konfitüre auf dem Teigboden verteilen, und die Streifen gitterartig darüberlegen.

Mit Eigelb bepinseln und bei 180°C während 45 Minuten backen. In der Form auskühlen lassen, damit die zerbrechliche Torte sich festigt.

In Haushaltsfolie verpackt und kühl gelagert, schmeckt die Torte nach ein, zwei Tagen optimal.

versorgen konnte. Es gibt einen großen Heil- und Gewürzkräutergarten, mehrere Küchen, Backräume, Keller und Bierbrauereien, einen Gemüsegarten, einen Speicher für Korn und Obst, einen Getreidespeicher, eine Mühle, eine Dörranlage sowie Ställe für Rinder, Schweine, Ziegen, Schafe und Hühner. Es gab auch Obstbäume, die aus Platzgründen auf dem Friedhof standen. Der heilige Benedikt hätte an diesem Kloster, das nie gebaut wurde, seine helle Freude gehabt.

Die Klosterregel, die der heilige Benedikt von Nursia vor fast 1500 Jahren geschrieben hatte, verlangt von den Mönchen und Nonnen keine harte Askeseübungen, sondern legt großen Wert auf das richtige Maß in allen Bereichen des Lebens. Selbstverständlich betrifft dies auch das Essen und die Zubereitung der Speisen. Er riet zum Beispiel, zu den Hauptmahlzeiten zwei bis drei verschiedene Gerichte zu servieren, damit keiner etwas essen müsse, das ihm nicht schmecke. Auch Wein war erlaubt, doch zum Trinker sollte deswegen trotzdem keiner werden. Kein Mensch sei eben gleich wie der andere, meinte Benedikt weise, deshalb sei es auch so schwierig, für jeden das richtige Maß zu bestimmen.

Die über alle Maßen köstliche Sankt-Galler Klostertorte ist vermutlich eine Schwester der berühmteren Linzer Torte. Diese wurde bereits 1653 namentlich erwähnt, und die Linzer behaupten, sie sei die älteste heute noch bekannte Torte der Welt. Gut möglich, dass das Rezept von den Chorfrauen im Klosterneuburg bei Linz ausgetüftelt wurde und von dort in die Sankt-Galler Klosterbäckerei gelangte. Das 1100 gegründete Stift an der Donau war für seine Küche weitherum berühmt.

Vermutlich geht die Sankt-Galler Klostertorte auf die Linzer Torte zurück. Diese wurde zuerst wie eine Pastete in einer silbernen Schüssel gebacken. Das Gitter und die Füllung hingegen haben sich nicht verändert.

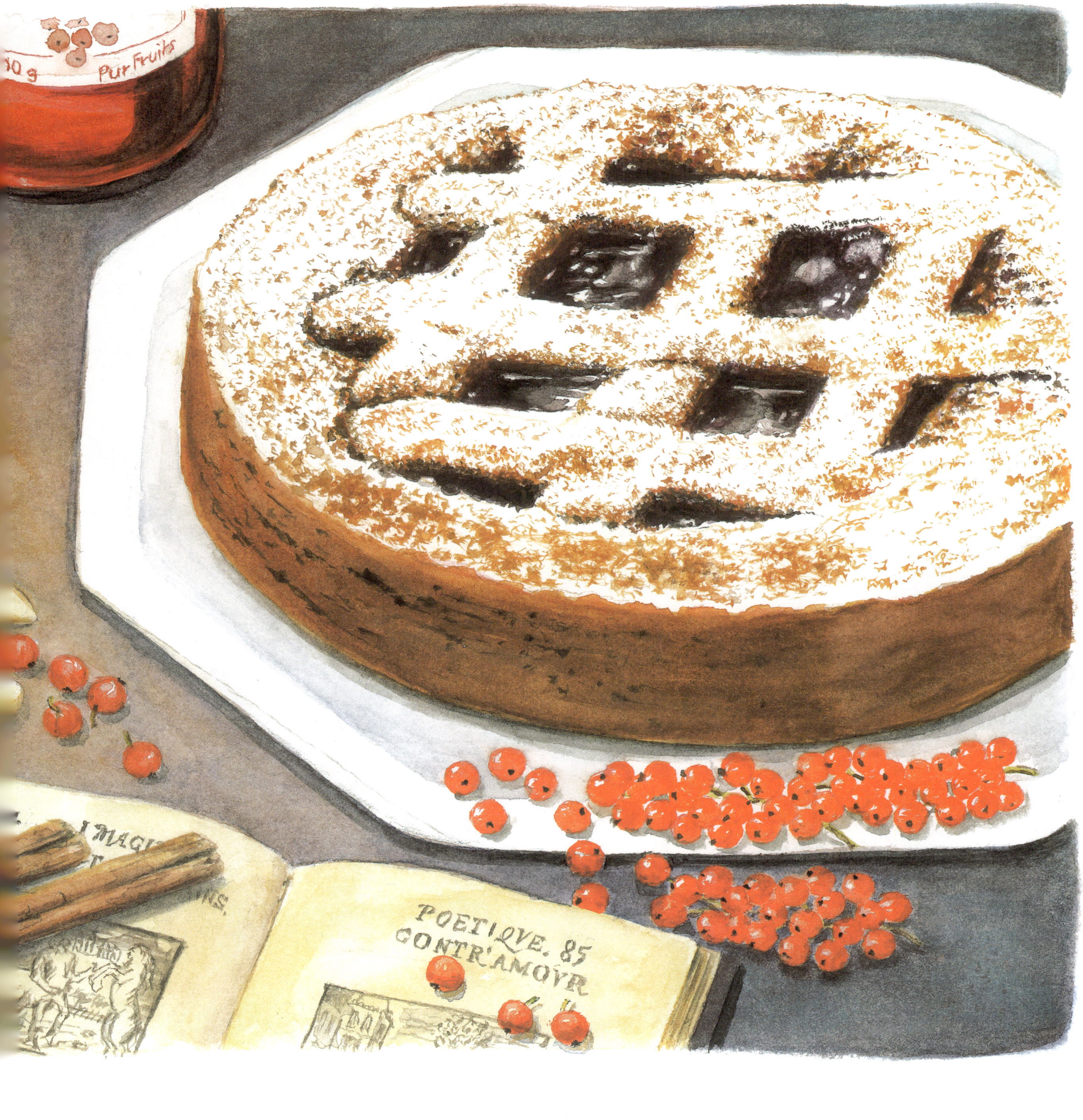
Pur Fruits
POETIQVE. 85
CONTR'AMOVR

ENGADINER NUSSTORTE – *Das Meisterwerk der Bündner Zuckerbäcker entzückte den Dogen von Venedig*

IN DER GESCHICHTE DES KANTONS GRAUBÜNDEN SPIELT DIE EMIGRATION EINE WICHTIGE ROLLE. VIELE MACHTEN IN DER FREMDE ALS HÄNDLER ODER KONDITOREN KARRIERE. SIE KEHRTEN ALS VERMÖGENDE MÄNNER ZURÜCK UND BAUTEN SICH PRÄCHTIGE HÄUSER.

Land der Zuckerbäcker wurde der Kanton Graubünden einst genannt. Und dies zu Recht, denn es gab Zeiten, da hatte sozusagen jede Familie im Engadin und im Bergell Verwandte, die ausgewandert waren und ihr Brot mit Süßigkeiten verdienten. Die kargen Bergtäler gaben nicht genug her, um alle zu ernähren. Außerdem trieben durch Missernten ausgelöste Hungersnöte und Versorgungskrisen die Menschen ins Ausland. Im 13. Jahrhundert begann der Exodus, der bis zu Beginn des Ersten Weltkriegs andauerte. Zuerst lockte vor allem die Söldnerei die Männer von der heimatlichen Scholle weg, da sie schnelles Geld und Abenteuer versprach. Im 14. Jahrhundert blühte der Gewürzhandel und verhalf den Hafenstädten rund ums Mittelmeer zu Glanz und Reichtum. Davon wollten auch die Bündner profitieren.

GEWÜRZE ALS TOR ZUR WELT

Graubünden ist seit der Bronzezeit Pass- und Durchgangsland. Entsprechend bewegt

Im Engadin bestimmen Lärchen und Arven das Landschaftsbild – im Bild Sils-Baselgia –, während die Bündner Südtäler mit ihren Nussbäumen, Edelkastanien und Reben bereits italienisches Gepräge haben.

Die teuren Spezereien waren für die Bergler ein Geschenk des Himmels, das sie geschickt zu nutzen wussten. Bald ähnelten die größeren Märkte orientalischen Basaren, wo um die kostbare Ware lauthals gefeilscht wurde. Die Erhebung eines Pfefferzinses zeugt von der Liebe der Bündner zu pikanten Speisen. Das zwischen Flims und Ilanz gelegene Laax war im 14. Jahrhundert ein wichtiger Umschlagplatz, wo die Kaufleute, die von weither anreisten, ihre Marktgebühr in Pfeffer zahlen mussten. Die Klöster – im Mittelalter waren sie zahlreicher und begüterter als heute – zählten zu den besten Kunden, da sie Gewürze und Weihrauch in rauhen Mengen verbrauchten.

Die Bauern überließen das Handeln den Kaufleuten, Krämern und Hausierern, doch mit den Gewürzen stach ihnen der Geruch der großen, weiten Welt und das Aroma des Reichtums in die Nase. Den exotischen Ingredienzien, mit denen die köstlichen Lebkuchen und Pasteten gebacken wurden, ist es möglicherweise zuzuschreiben, dass manch einer Sense und Melkschemel in die Ecke stellte, sein Bündel packte und das Tor zur Welt aufstieß. Für die Bewohner der Südtäler lag Italien in Sichtweite, so dass ein Großteil der Auswanderer in den Backstuben und Küchen von Mailand, Florenz und Venedig eine neue Existenz gründete. Sie hatten wenig zu verlieren, jedoch alles zu gewinnen.

und von heftigen Besitzstreitigkeiten gezeichnet war seine Geschichte. Andererseits förderte die Lage Verkehr und Handel, nicht zuletzt dank den Römern, die die wichtigsten Pässe durch fahrbare Straßen erschlossen. Später ließen die Einheimischen sie verfallen, und es wurde wieder still in den Tälern. Mit den Klöstern und Hospizen, die an den strategisch günstigsten Lagen gegründet wurden, belebten sich die alten Handelsrouten wieder. Kriegsmaterial wie Schwerter, Schilde und Rüstungen wurde über die Berge von Süden nach Norden verfrachtet, im Spätmittelalter gewann jedoch der Gewürzhandel an Bedeutung.

VENEZIANISCHE PALÄSTE UND SCHENKEN

Ende des 15., Anfang des 16. Jahrhunderts stand Venedig in seiner Hochblüte. Der Welthandel funktionierte reibungslos, und der Hafenplatz an der Adria entfaltete eine nie gesehene Pracht. In keiner anderen Stadt fanden mehr glanzvolle Feste statt, jede Gelegenheit wurde genutzt, um sich bei Maskenbällen, Banketten, Umzügen, Theateraufführungen, Turnieren und prunkvollen Zeremonien zu amüsieren. Wie die Schatzkammern quollen auch die Speisekammern und Keller über, und in den Küchen herrschte andauernd Hochbetrieb. Venedig galt als Hochburg der frivolen und kulinarischen Exzesse, was nicht nur der Adel, sondern auch der Klerus zu schätzen wusste.

Dennoch verfeinerten sich während der Renaissance die Tischsitten, und die Küche wurde vielfältiger und raffinierter. Die Verbindung mit Asien, Amerika und Afrika veränderte allmählich die Ernährungsgewohnheiten der Europäer. 1485/86 erschienen in Deutschland, Frankreich und Italien die ersten gedruckten Kochbücher mit alten und neuen Rezepten. Die Vorliebe für kräftige, scharfe Gewürze und süßsaure Gerichte blieb, es wurde jedoch mit mehr Umsicht gewürzt und gemischt. Auch die Pasteten verschwanden nicht, doch sie wurden luxuriöser: Man erinnerte sich beispielsweise an die Methode der alten Römer, fette Gänseleber durch Stopfen der Vögel zu erzeugen, und servierte sie mit Trüffeln angereichert im Teigmantel. Die Italiener, insbesondere die Venezianer, spezialisierten sich jedoch vor allem auf kunstvolle Zuckerkreationen, die die Tafeln der Reichen zierten.

Die Zucker- und Pastetenbäcker aus den Bündner Alpen hatten sich innert kurzer Zeit einen ausgezeichneten Ruf erworben. Im 16. Jahrhundert wurden sie in Venedig immer zahlreicher, wobei viele Männer aus dem Engadin und Bergell in der Lagunenstadt auch in anderen Bereichen tätig waren. Das ging gut bis 1766, als die vorzeitige Kündigung des Allianzvertrags die Venezianer dermaßen erzürnte, dass die Bündner sämtliche Privilegien verloren und aus der Stadt verwiesen wurden. Damals betrieben sie außer Konditoreien Branntwein- und Likörschenken und waren als Schuhmacher und Scherenschleifer tätig. 203 Pasteten- und 60 Zuckerbäcker mussten wiederum auswandern; einige gingen in ihre alte Heimat zurück, andere fanden Arbeit in Oberitalien, Frankreich, Spanien, Deutschland, Skandinavien und Russland, manche überquerten sogar den Atlantik.

HEIMWEH NACH DEN BERGEN
Dank der Fertigkeiten und Kenntnisse, die sich die Bündner Konditoren in Venedigs Palastküchen erworben hatten, wurden sie überall mit offenen Armen empfangen. Beispielhaft ist die Geschichte der Bergeller Familie Pomatti, die in Königsberg die erste Marzipanfabrik gründete, daneben die renommierte Hofkonditorei führte und die preußische Königsfamilie mit den süßen Kreationen belieferte. In Ungarn, wo die eleganten Kaffeehäuser bis zum Ausbruch des Zweiten Weltkriegs als kulturelle Institution galten, waren florierende Häuser wie das Hauer und das Gerbaud in Budapest und das Cafliesch in Pecs in Besitz von Bündner Auswanderern. Dasselbe gilt für das wiedereröffnete Café Wolf & Béranger in St. Petersburg. In Florenz machten sich die Gebrüder Ganzoni aus Celerina als Chocolatiers einen Namen.

Viele Zuckerbäcker schlugen Wurzeln, doch nicht wenige plagte das Heimweh, und sie kehrten in ihr Dorf zurück, oft um einiges reicher an Erfahrung, Geschmack und Geld. Verwöhnt von der Pracht der Palais und Schlösser, errichteten sie palastartige Wohnhäuser und ließen die Fassaden mit Sgraffiti dekorieren. Diese Kratztechnik stammt aus Italien und ist übers Münstertal ins Ober- und Unterengadin eingewandert.

Die Engadiner Nusstorte ist Heimat und Geschichte: Sie enthält die Butter und den Rahm der Kühe, den Weizen des Unterengadins, den Honig und die Walnüsse der Südtäler sowie den einst von weither importierten, teuren Zucker. Zahlreiche Engadiner Häuser mit ihren dekorativen Sgraffiti und Erkern wurden von Zuckerbäckern, Cafetiers und Chocolatiers gebaut.

Auch Motive wie Meerjungfrauen, an Krokodile erinnernde Drachen, Löwen und Delphine zeugen vom erweiterten Horizont der Bauherrschaft, die filigranen geometrischen und floralen Muster hingegen scheinen wie die Engadiner Nusstorte das Meisterwerk der Zuckerbäcker und Konfiseure zu sein. Doch im Gegensatz zu den Engadiner Häusern bildet das unscheinbare Äußere der Nusstorte einen überraschenden Kontrast zu ihrem reichhaltigen Innenleben.

ENGADINER NUSSTORTE

TEIG 350 g Mehl • 250 g Butter • 200 g Zucker • 1 Prise Salz • 1 Ei • ½ Zitrone, geraspelte Schale • 1 Eiweiß • 1 Eigelb • halbe Baumnußkerne zum Dekorieren

FÜLLUNG 200 g Zucker • 300 g Walnüsse, grob gehackt • 1 dl Rahm • 3 EL Honig

Mehl mit Zucker vermischen, die kalte Butter in Flocken dazugeben und mit den Händen verreiben. Das Ei schlagen und mit der Zitronenschale und dem Salz dazugeben; eine Kugel formen. Diesen Mürbeteig mindestens 1 Stunde in den Kühlschrank geben.

Für die Füllung den Zucker goldgelb karamelisieren. Den Rahm dazugießen und aufkochen. Die gehackten Nüsse und den Honig daruntermischen. Die Masse etwas auskühlen lassen.

Eine Springform von 24 cm Durchmesser gut buttern. Den Mürbeteig in eine größere und eine kleinere Portion teilen und kreisförmig auswallen. Mit der größeren die Form auskleiden. Die Füllung hineingeben und den oberen Teigrand darüberklappen. Den Rand mit Eiweiß bepinseln, den Teigdeckel auf die Füllung legen und gut andrücken. Die Oberfläche mit Eigelb bestreichen und mit den halben Baumnüssen dekorieren. Bei 200 °C ungefähr 35 Minuten backen; die Torte soll goldgelb, jedoch nicht dunkel werden.

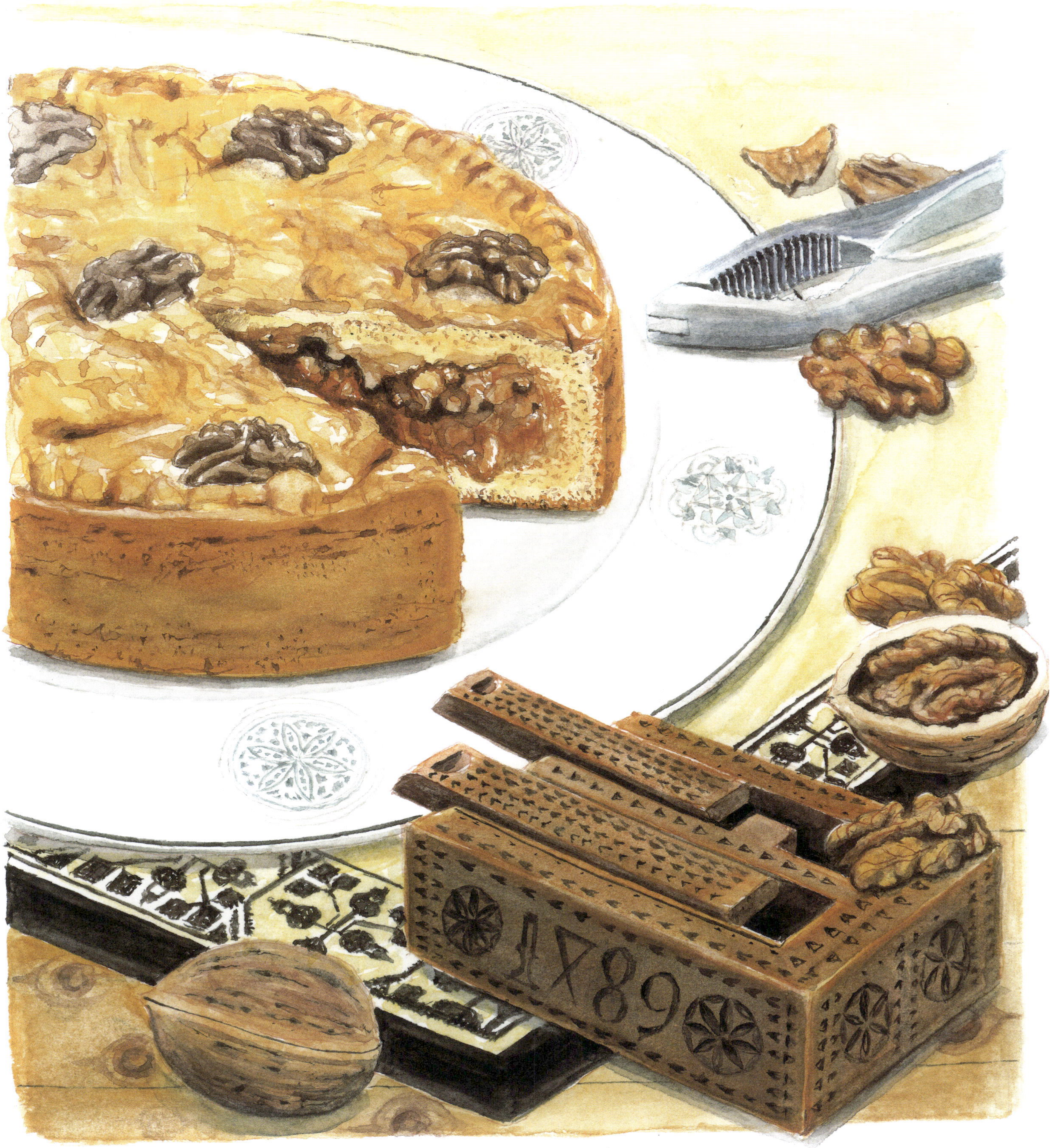
1789

MUNDER SAFRANGUGELHOPF – *Die Königin der Gewürzpflanzen ist eine waschechte Walliserin geworden*

SEIT JAHRHUNDERTEN WIRD IM WALLIS SAFRAN ANGEBAUT. SEINE HOCHBURG IST DAS BERGDORF MUND, WO SICH ALLES UM DAS MAGISCHE GOLDBLÜMLEIN DREHT. DIE AUF DEN STEILEN ROGGENÄCKERN GEERNTETEN SAFRANFÄDEN GEHÖREN ZU DEN BESTEN DER WELT.

Bis vor rund dreißig Jahren war das auf ungefähr 1200 Metern über dem Rhonetal gelegene Mund nur mit der Luftseilbahn oder über einen Saumpfad erreichbar. Vom Verkehr und vom Tourismus weitgehend unbeleckt, war auf der Sonnenterrasse die Zeit stillgestanden: Wie seit Jahrhunderten wurden die Matten und Äcker vom Wässerwasser berieselt, das durch kunstvoll gebaute Leitungen aus dem wilden Gredetschtal auf die trockenen Hänge geführt wurde. Auf den handtuchgroßen Äckern gedieh hauptsächlich Roggen, den der Visper Schriftsteller Adolf Fux (1901–1974) geradezu hymnisch besang: «…dieser anspruchslose, fast blattlose Roggen, der sich in jahrhundertelanger harter Selbstzucht der magern Erde und dem regenarmen Himmelsstrich angepasst hat wie der Bergbauer selbst, für den er sich in der Dürftigkeit behauptet und auf dünnen Stengeln mindere Ähren austrägt, die Brot werden, das karge, schwarze Brot der Heimat.»

Inzwischen haben die Walliser für ihr Roggenbrot das AOC-Label erhalten und sind ebenso stolz darauf wie auf ihren Raclettekäse (dessen Erfindung sie für sich beanspruchen) und die kämpferischen Eringerkühe. War die Kargheit einst ein Fluch, der die Menschen in die Armut und in die Fremde trieb, erwies sie sich später als Glücksfall, denn es gibt einige gute Dinge, die ausschließlich in mageren, armen Böden gedeihen.

Der Safran zählt zu diesen bewundernswerten Asketen. Die teuerste aller Gewürzpflanzen verfault und verpilzt in mastiger, feuchter Erde innert kurzer Zeit. Der violette Krokus mit den langen Safrannarben fand deshalb im Wallis ideale Bedingungen vor und schlug Wurzeln.

FÜR GÖTTER UND BRÄUTE

Auf welchen Wegen die Safranzwiebel im 14. Jahrhundert ins Tal der Rhone oder des Rotten gelangt war, ist nicht bezeugt. Erwiesenermaßen wurde *Crocus sativus* im Zweistromland zwischen Euphrat und Tigris bereits vor 3500 Jahren gezüchtet. Als unfruchtbare Kulturpflanze vermehrt sie sich nicht durch Bestäubung, sondern bildet Tochterzwiebeln, die wieder gesetzt werden. Die Safranforscher vermuten, dass die Wildform im Himalajahochland Kaschmir beheimatet war, wo bis heute Safran in größerem Umfang angebaut wird. Spuren führen ebenfalls ins iranische Hochland, nach Nordindien und Afghanistan.

Die Griechen haben den Safran schon früh kennengelernt und kultivieren ihn bis heute in sehr guter Qualität. In den griechischen Sagen verwöhnen sich die Götter mit der kostbaren Ingredienz, die Macht und Potenz symbolisiert. Deshalb umarmten sich Zeus und Hera auf einem Bett aus Safran, und göttliche Babys wurden in safrangelbe Windeln gewickelt. Im antiken Rom eiferten die Reichen den griechischen Göttern nach, indem sie Safranfäden aufs Hochzeitsbett streuten und sich die Bräute mit einem Schleier schmückten, der mit dem magischen Pulver gefärbt war. Später hüllten sich dann Päpste und weltliche Würdenträger in safrangelbe Kleider und Schuhe, wenn sie Reichtum und Majestät demonstrieren wollten. Die Verbindung von Glück und Macht drücken auch die wohlhabenden Inder mit gelben Hochzeitsgewändern aus, während die Frauen in arabischen Ländern sich bei festlichen Gelegenheiten mit Safran die Finger- und Zehenspitzen schminken.

Haben Händler, Pilger oder Söldner die Safranzwiebel ins Wallis gebracht? Da einst zahlreiche Walliser als Reisläufer in Frankreich, Italien und Spanien gekämpft hatten, schreibt man diese weitsichtige Tat häufig einem heimkehrenden Soldaten zu. Eine Legende berichtet, dass einer ein paar Knollen in seinem Haarschopf versteckte, weil die Ausfuhr mit dem Tod be-

Die blühenden Safranfelder unterhalb von Mund sind zu einer schweizweit bekannten Touristenattraktion geworden. Für ein Gramm Safran braucht es ungefähr 390 Fäden oder 130 Blüten.

Wie die Safranäcker gehören auch die sonnenverbrannten Stadel zu den Munder Sehenswürdigkeiten. Die historischen Uniformen der lokalen Pfeifer und Trommler erinnern an die Schweizer Reisläufer.

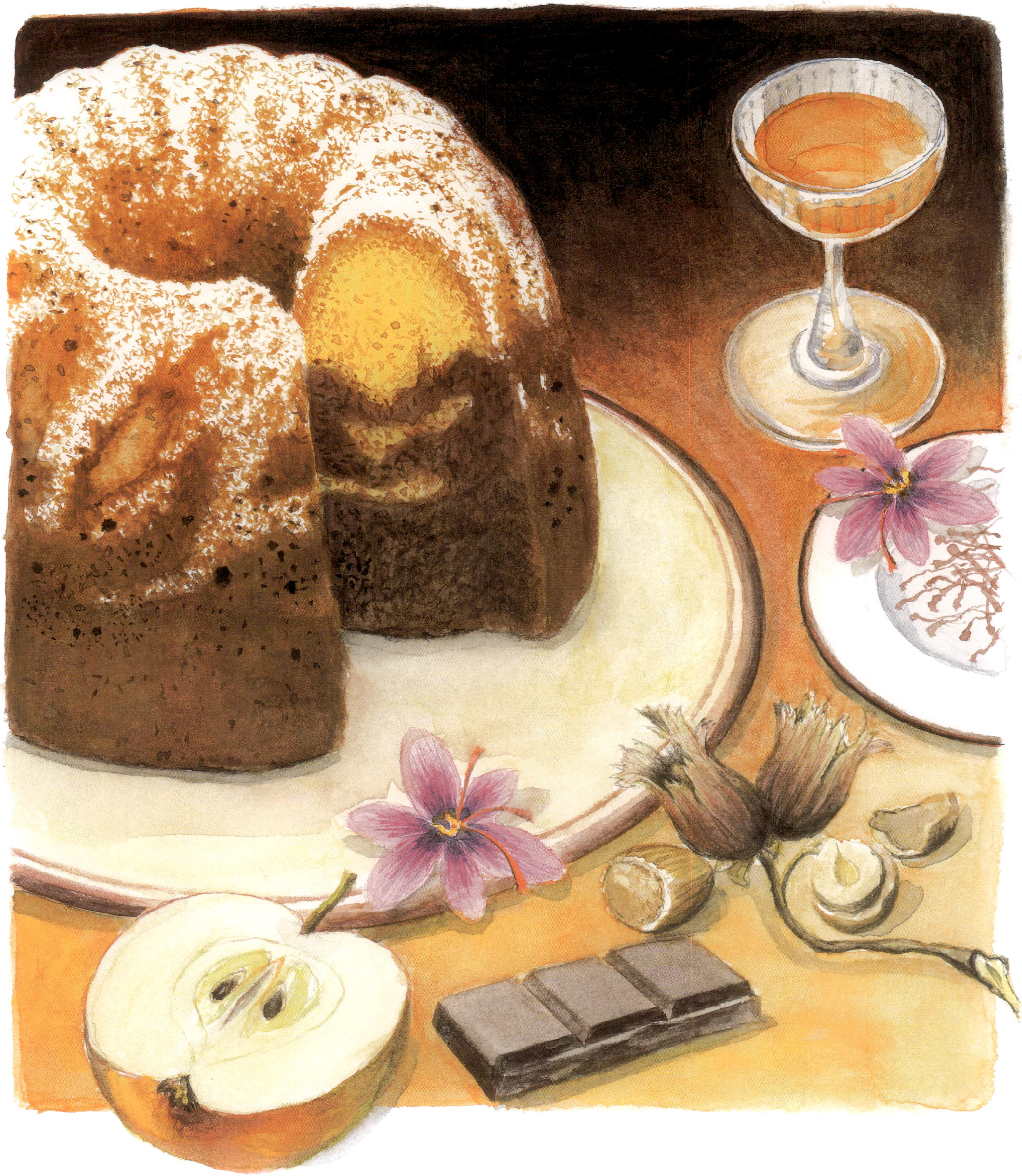

Der Safrangugelhopf wird im Restaurant Salwald über Mund nach einem alten Rezept vor allem im Herbst gebacken. Der Munder Safran hat 2004 das AOC-Label erhalten und ist als schutzwürdig anerkannt.

straft wurde, und sie in sein Heimatdorf Mund schmuggelte. Tatsache ist, dass im späten Mittelalter auch anderswo im Wallis Safran angebaut wurde. Sion scheint für seinen Safran berühmt gewesen zu sein, der in besonders guter Qualität an den Steilhängen des Hügels von Tourbillon geerntet wurde. Conthey, Sierre, Venthône, aber auch Leuk, Naters, Bitsch und Mörel sind als alte Safranorte erwähnt. Seit neuerem gibt es in der Gegend von Conthey und Saint-Maurice wieder ein paar Safranäcker. Die Munder Hochburg gerät dadurch jedoch noch lange nicht ins Wanken.

MUNDER SAFRANPASSION

Wie überall im Wallis drohten die Safrankulturen auch in Mund sang- und klanglos zu verschwinden. Vereinzelte mahnende Stimmen schienen ihren Untergang nicht aufhalten zu können. Inzwischen war Mund durch eine Autostraße erschlossen worden, die sich quer durch die Äcker in die Höhe windet. Am 5. Januar 1979, kurz bevor der letzte lilafarbene Krokus eingegangen war, wurde in der Burgerstube von Mund das Initiativkomitee «Pro Safran» gegründet. Von da an ging es wieder aufwärts. Die Besitzer der Safranäcker erklärten sich bereit, sie wieder zu bewirtschaften, und gründeten die Munder Safranzunft, die einzige in der Schweiz, in der auch Frauen willkommen sind.

Wurde 1978 noch auf 520 m^2 Safran kultiviert, sind es inzwischen beachtliche 17'000 m^2. In dieser Zeit stiegen die Erträge von ungefähr 100 Gramm auf vier bis fünf Kilo. In einem ausgezeichneten Jahr wachsen auf 100 m^2 rund 20'000 Blüten. Auf den meisten Äckerchen wird heute ausschließlich Safran angebaut. Früher hätte dies als unvorstellbare Verschwendung gegolten: Es wurde auf einem Acker zweimal pro Jahr geerntet, im Hochsommer der Roggen und im Spätherbst der Safran. Gewöhnlich werden die Safranblüten in Mund zwischen Mitte Oktober und Anfang November gezupft. Um den richtigen Zeitpunkt zu finden, braucht es Erfahrung, denn die einzelnen Blüten blühen nur wenige Tage. Außerdem sollte es bei der Ernte trocken sein, da feuchte Safranfäden weniger Aroma besitzen. Am selben Tag werden sie sorgfältig aus den Blütenkelchen gelöst und anschließend getrocknet.

Der größere Teil der Munder Safranernte bleibt im Dorf. In den Restaurants Safran, Jägerheim und Salwald wird mit dem roten Gold kreativ gekocht und gebacken. Der außergewöhnlich intensiv duftende Munder Safran färbt nicht nur den klassischen Risotto, sondern auch Saucen, Teigwaren, Parfaits, Kuchen, ein Aperitif-Getränk und sogar das Fondue und den hiesigen Bergkäse gelb, was ihm einen aparten Geschmack verleiht. Ein altes Rezept, das wieder zu Ehren kommt, ist der mit einer Prise Safran gewürzte schwarze Kaffee. Seit der Gründung der Safranzunft wird auch das buttrige Safranbrot nach überliefertem Rezept hergestellt und im Konsumladen verkauft.

MUNDER SAFRANGUGELHOPF

TEIG 220 g Butter • 4 Eier, getrennt • 200 g Zucker • 220 g Weißmehl • 2 KL Backpulver • 1 Prise Salz • 10 Safranfäden • 3 EL Orangenlikör • 75 g dunkle Schokolade • 75 g Haselnüsse, gemahlen • 1 Apfel • 5 EL Vollrahm • Butter zum Einfetten der Form

Die zimmerwarme Butter in einer Schüssel mit den Eigelben und dem Zucker schaumig rühren. Das Mehl sieben und mit dem Backpulver und dem Salz unter die Creme rühren. Die Eiweiße steif schlagen und sorgfältig unter die Masse ziehen. Den Teig dritteln.

Die Safranfäden mörsern und etwa 15 Minuten im Orangenlikör einlegen. Anschließend unter den ersten Teig mischen.

Die Schokolade schmelzen (im Wasserbad mit wenig Wasser oder im Mikrowellenbackofen) und unter das zweite Teigdrittel mischen.

Den Apfel schälen und in kleine Stücke schneiden. Mit den Haselnüssen und dem Rahm mischen und unter den dritten Teig heben.

Die Gugelhopfform gut einfetten. Zuerst den gelben Safranteig, dann den Schokoladeteig und zuletzt den Apfel-Nuss-Teig in die Form geben. Auf der zweituntersten Rille bei 180 °C 50 Minuten backen.

BASLER LÄCKERLI – *Die leckeren Lebküchlein, die geistlichen und weltlichen Schleckmäulern gleichermaßen schmecken*

DIE BASLER LÄCKERLI HABEN ES VERSTANDEN, SICH DURCH ANEKDOTEN UND GERÜCHTE INTERESSANT ZU MACHEN. OBSCHON SIE VIELLEICHT NICHT HUNDERTPROZENTIG DER WAHRHEIT ENTSPRECHEN, WECKEN SIE ERINNERUNGEN AN ALT-BASEL UND SEINE GESCHICHTE.

Das unscheinbare, oft pickelharte viereckige Gebäck, das zu Basel gehört wie das Spalentor und der «Basler Beppi», ist zu einem erfolgreichen Werbeträger geworden. Basler Confiserien verschicken ihre Läckerli kiloweise in alle Erdteile, nicht selten an die Adresse von Heimwehbaslern, die den würzig-süßen Geschmack, der sie an ihre alte Heimat erinnert, nicht missen wollen.

Die Konditoren halten das Original in Ehren, lassen sich jedoch immer wieder etwas Neues einfallen, um die verschleckten Läckerlifans zu überraschen. Die klassische Verpackung ist die schwarzweiße Trommel mit dem Basler Stab; doch die Auswahl an originellen und luxuriösen Dosen und Schachteln ist groß. Beinahe ebenso viel Phantasie wird für das Gebäck selber aufgewendet: Es gibt Zitronen-, Schokolade- und Power-Läckerli, die fast auf der Zunge schmelzen, man kann sich an einer zarten Läckerlitorte delektieren oder ein feines Läckerliparfait auf der Zunge zergehen lassen…

Das Konzil brachte große Namen und die feine Lebensart nach Basel. Gewerbe und Handel profitierten, Kunst und Architektur erlebten eine Blütezeit, und die Gastronomie wurde luxuriös und international.

Die Traditionalisten unter den Läckerlifreunden lassen sich von solchen Spielereien nicht beirren. Sie schwören auf das herkömmliche Rezept und haben ihre Tricks, dank denen ihr Lieblingsgebäck zahnschonend weich bleibt: Ein Apfel in der Biskuitdose soll Wunder wirken.

ADELHEIDIS UND ANNA MARIA

Wann und von wem das Basler Läckerli erfunden wurde, bleibt wohl für immer ein Geheimnis. Seine Anfänge sind bei den Basler Lebkuchenbäckern zu suchen. Diese gehörten seit dem 14. Jahrhundert der Innung der Gewürzhändler und Krämer an, der späteren Zunft zu Safran. Sie reglementierte die Produktion und den Handel mit den im Hochmittelalter überaus beliebten, kostbaren Spezereien sowie den damit hergestellten Kuchen. Die Zunft unterhielt für ihre Mitglieder eine eigene Pulvermühle; da während des Konzils zu Basel die Nachfrage an Gewürzen enorm anstieg, nahm sie 1437 eine zweite Pulverstampfe in Betrieb. Die Geschäfte liefen damals so gut, dass die Bereitschaft des Stampfers Tag und Nacht erforderlich war, weshalb er vom obligatorischen Wachdienst auf der Stadtmauer befreit wurde.

Dass auch Frauen das Lebküchler-Handwerk ausübten, zeigt die anno 1340 bei der Münsterkirche bestattete Baslerin namens Adelheidis. Wie ihre männlichen Berufskollegen war sie verpflichtet, der Safranzunft beizutreten, musste jedoch für die Erfüllung der militärischen Pflichten einen Ersatzmann stellen. Das früheste Rezept des Basler Läckerlis wurde im handgeschriebenen Kochbuch von 1741 der Anna Maria Falkeysen entdeckt. Da es in jener Zeit nur sehr wenige gedruckte Kochbücher gab, notierte die Tochter des Zinngießers Andreas Falkeysen und Besitzerin des «Schwarzen Rüden» wie viele andere Hausfrauen ihre bevorzugten Rezepte in ein Büchlein.

BASEL RÜSTET SICH FÜRS KONZIL

1424, als die Stadt am Rheinknie als Standort des künftigen Konzils bestimmt wurde, begann für die Basler eine hektische Zeit. Straßen wurden verbreitert und gepflästert; man baute die Birsbrücke über den Rhein, richtete eine Münzprägestätte ein und kaufte zwei Häuser beim Spalentor für die dem Klerus und seinem Anhang folgenden Dirnen. Auch die Unterbringung und Versorgung der Konzilsteilnehmer sowie deren Schutz war für die Bürger eine große Herausforderung. Sie schafften es, ihre Stadt auf Hochglanz zu polieren und die hohen Gäste mit Würde zu empfangen: Am 29. Juli 1431 fand in der Kirche des ehemaligen Predigerklosters die feierliche Eröffnung des Konzils statt. Erst 17 Jahre später, am 4. Juli 1448, reisten die letzten Kirchenmänner auf Befehl des deutschen Kaisers Friedrich III. wieder ab. Obwohl das Ende unrühmlich war, hatte das Konzil der Stadt Basel und seinen Bewohnern zahlreiche Vorteile verschafft.

Zwar stiegen die Mieten, doch ansonsten herrschten während der Konzilsjahre goldene Zeiten. Am meisten profitierten die Bankiers, das Bauhandwerk, der Tuchhandel, die Papierindustrie und die Krämer. Die luxuriösen Bankette und Feste machten zahlreiche Basler reich, angefangen von den Gastwirten

In der stolzen Stadt am Rheinknie wird seit alters eine herrschaftliche Küche gepflegt, die sich hauptsächlich vom Elsass inspirieren ließ. Die zahlreichen Confiserien sind wie das Münster ein Markenzeichen Basels.

BASLER LÄCKERLI

TEIG 375 g Bienenhonig • 175 g Zucker • 250 geschälte Mandeln, grob gehackt • 1 KL Zimt • 1 KL Muskatnuss • 1 KL Kardamom • 1 KL Koriander • 1 Msp Gewürznelke • je 75 g Orangeat und Zitronat, kleingeschnitten • 1/2 Zitrone, Saft und geraffelte Schale • 1/2 dl Kirsch • 2 Msp Pottasche • 375 g Mehl • Butter • etwas Mehl

GLASUR 100 g Zucker • 7 cl Wasser • 3 cl Kirsch

Honig und Zucker erwärmen, bis sich der Zucker aufgelöst hat (der Honig darf nicht kochen). Gewürze, Mandeln, Orangeat, Zitronat und Zitrone dazugeben. Die Pottasche im Kirsch auflösen und dazugießen. Das gesiebte Mehl nach und nach unter die Masse arbeiten. Den Teig über Nacht ruhen lassen. Ein rechteckiges Blech buttern und mit Mehl bestäuben. Den Teig auf die Größe des Blechs auswallen und hineingeben. Bei 180°C etwa 20 Minuten backen und sofort noch im Blech in Vierecke schneiden. Für die Glasur den Zucker mit dem Wasser 5 Minuten kochen, dann den Kirsch beigeben. Die Läckerli im Blech mit der heißen Glasur überziehen.

über die Bauern in der Umgebung bis zu den Glasern und Töpfern. Nicht zu vergessen die Gewürzhändler und Lebküchler, die in den Konzilsvätern jene wohlhabenden und kulinarisch anspruchsvollen Kunden gefunden hatten, die ihre Ware zu schätzen wussten.

Es heißt, die Lebküchler hätten für die verwöhnten Gäste den einfachen Lebkuchen mit Mandeln und den damals teuren Ingredienzen Zitronat und Orangeat zum Basler Leckerli veredelt. Selbst wenn die schriftlichen Beweise dafür fehlen, scheint diese Erklärung glaubwürdig. Jedenfalls stieg während der Konzilszeit die Zahl der Lebküchler stark an. Und wenn gekrönte Häupter wie Kaiser Sigismund oder Papst Felix V. zu bewirten waren, ließen sich die Köche, Bäcker und Küchler bestimmt etwas Besonderes einfallen.

Die Konzilsteilnehmer sprachen auch dem Hypokras kräftig zu und stippten ihre Läckerli, falls sie denn welche hatten, in diesen würzigen Wein. Hergestellt und vertrieben wurde er zuerst ausschließlich von den Basler Gewürzkrämern; später, als die Gewürze erschwinglicher geworden waren, bereiteten die Hausfrauen den Hypokras selber zu. Sie kredenzten ihn traditionell am Neujahrstag den Verwandten und Freunden mit einer Schale Läckerli. Was nicht heißt, dass man sich dieses Getränk nicht auch bei anderen Gelegenheiten schmecken lässt, doch die Tage um Weihnachten sind die klassische Hypokraszeit geblieben.

Sein Name ist vermutlich auf den griechischen Arzt Hippokrates zurückzuführen, was zur Tatsache passt, dass dem Hypokras einst heilende Kräfte zugeschrieben wurden. Übrigens schlückeln auch die Lyoner ihren Ypocras seit Urzeiten, um die Verdauung anzuregen.

Im 17. Jahrhundert entstand anstelle der Lebküchler der Beruf der Confiseure. Sie stellten kandierte Früchte her, aber auch Kuchen, Konfekt, die Basler Läckerli und den dazu servierten Hypokras.

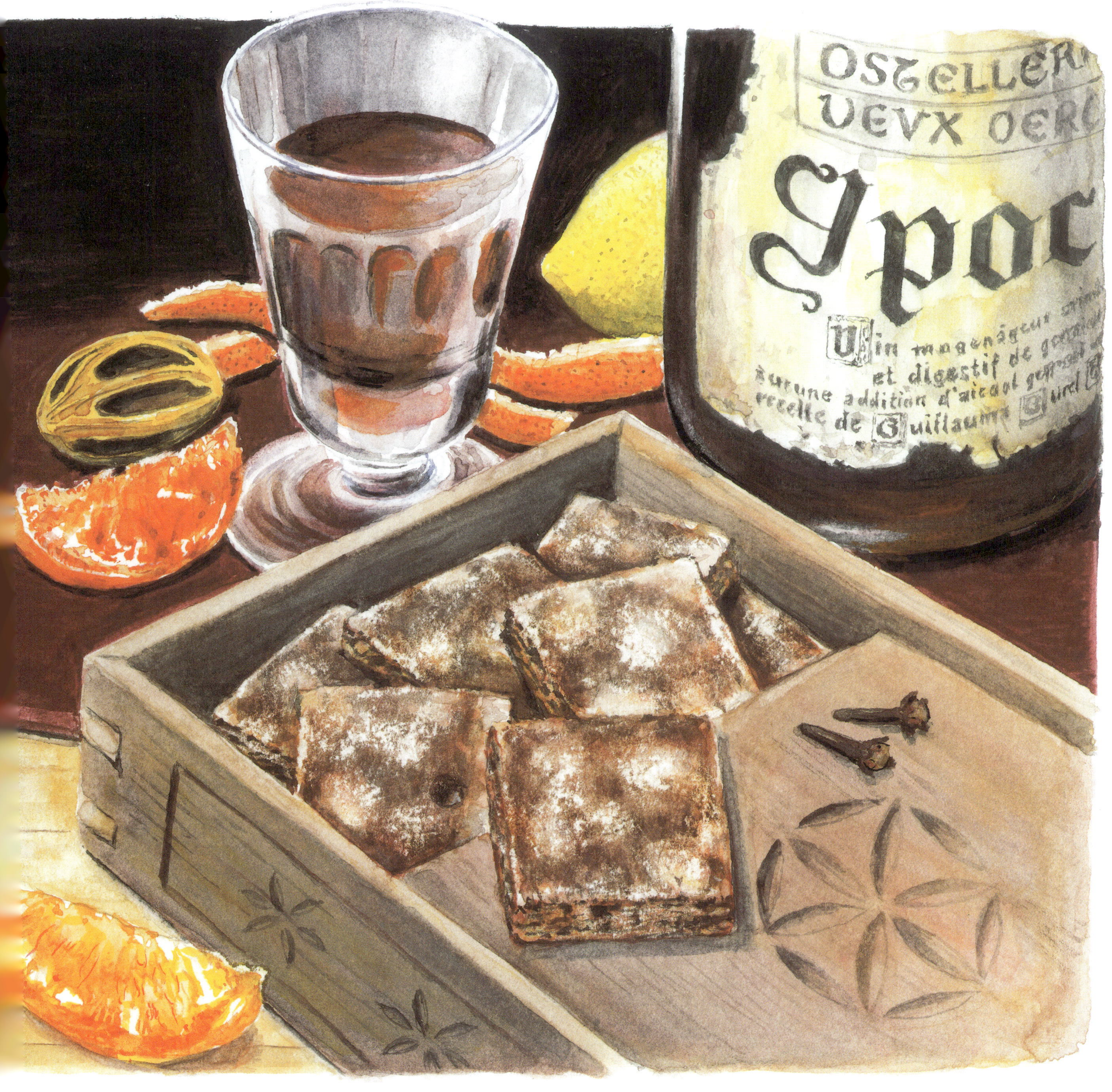

OSTELLER
VEVX OER
Ipoc
et digestif de
addition

AMBASSADORENBÄNZ – *Ein Schweizergardist aus der Barockstadt Solothurn, der mit dem Säbel rasselt*

SOLOTHURN WIRD ALS AMBASSADORENSTADT, STADT DER DREIZEHN BRUNNEN, DER HERRENHÄUSER UND PALÄSTE, DER DICHTER UND FILMER BEZEICHNET. ES IST AUSSERDEM DIE STADT DER BÄNZE: NIRGENDWO GIBT ES MEHR VARIANTEN DIESER TEIGMÄNNCHEN.

In Solothurn erinnern viele bauliche Zeugen daran, welch wichtige Rolle der französische Botschafter, der hier residierte, und die enge Beziehung zur Grande Nation einst spielten. 1516 schlossen die eidgenössischen Orte mit Frankreich den «Ewigen Frieden», und sechs Jahre später ließen sich die ersten französischen Gesandten, die Ambassadoren, in Solothurn nieder. Zuerst wohnten sie bei den Franziskanern im neben dem Kloster errichteten «Hof». Ein wenig später bezogen die einflussreichen Botschafter des Königs als Residenz den Ambassadorenhof, der damit für einige Jahrhunderte eines der wichtigsten politischen Zentren der Eidgenossenschaft wurde. Hier wurden die Soldverträge ausgehandelt und besiegelt sowie die Pensionen ausbezahlt, die für fast alle Orte der Alten Eidgenossenschaft die wichtigsten Einnahmequellen waren.

Die Gesandten hielten in der «Ambassadorenstadt» glanzvoll hof, und in Solothurn waren ständig Delegationen der Alten Orte zu Gast, die diplomatische und militärische Verhandlungen führten. Als Nahtstelle zwischen der französischen Krone und der Eidgenossenschaft wurde das Leben in Solothurn außerordentlich stark von Pariser Einflüssen geprägt. Von französischer Lebensart zeugt nicht nur, dass das Patriziat der Stadt ausschließlich Französisch sprach; die Stadt an der Aare hat auch einen Hauch von Luxus und Vornehmheit bewahrt.

DER BARON UND DIE KÖNIGIN

Von den reichlich sprudelnden französischen Geldern profitierte auch das Solothurner Patriziat: Langsam bildete sich eine kleine, aber mächtige Oberschicht heraus, die alle entscheidenden und einträglichen politischen und militärischen Stellen besetzte und sich ein Leben à la française leisten konnte: Am Stadtrand und in der näheren Umgebung von Solothurn entstand eine ganze Reihe vornehmer Landhäuser im französischen Stil, in denen man den Sommer verbrachte. So lebte zum Beispiel Schultheiß Johann Viktor Besenval im Sommer in Feldbrunnen in dem 1682–1684 eigens für ihn errichteten Schloss Waldegg. Diese langgestreckte Anlage mit der auf einen Park gerichteten Front bot eine herrschaftliche Kulisse, vor der promeniert und prunkvoll gefestet wurde. Als Wintersitz diente ihm das Fürstliche Palais Besenval mit der grandiosen Aarefront.

Sein Enkel, Baron Peter Viktor von Besenval (1721–1791), wurde als Oberstleutnant der Schweizergarde zu einem engen Berater Ludwigs XVI. und war in Versailles ein gern gesehener Gast. Er verfügte über Charme, Intelligenz, Manieren, Integrität, Mut, war ein witziger Causeur und einfühlsamer Zuhörer. Dies machte ihn beim weiblichen wie beim männlichen Geschlecht beliebt. Peter Viktor mangelte es nicht an Liebesaffären, und so wundert es auch nicht, dass seine Freundschaft mit der kapriziösen, blutjungen Königin Marie-Antoinette für Hofklatsch sorgte. Es war sogar ein Verslein im Schloss Waldegg in Feldbrunnen zeugt vom Glanz, den die französischen Ambassadoren nach Solothurn brachten. In der Umgebung der Stadt gibt es rund drei Dutzend Landsitze einheimischer Patrizier.

Umlauf, das sich über den allseits erfolgreichen Schweizer lustig machte:

«Es sagte einst gedankenlos / zu Besenval die Königin: / ‹Mit meinem Mann ist gar nichts los!› / Er replizierte drauf leichthin: / ‹Wir denken es und sagen's nie, / Sie denken nicht, doch reden Sie!»

Die naive Offenheit der zwanzigjährigen Monarchin drohte das Vertrauensverhältnis des fünfzigjährigen Barons zum König zu zerstören, weshalb es ihm gelegen kam, dass ihn die Eidgenössische Tagsatzung 1777 nach Solothurn zurückrief, in die Waldegg,

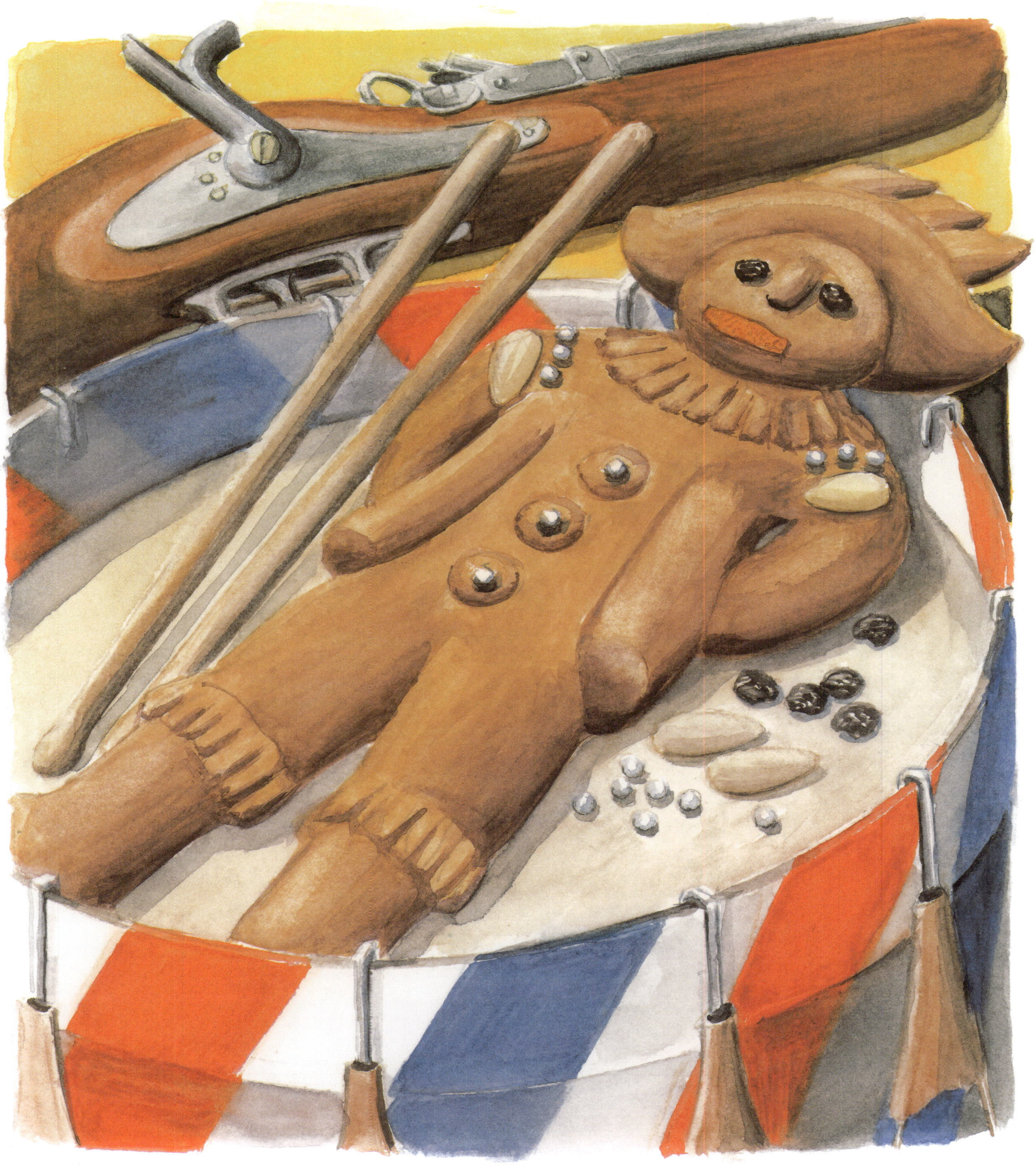

Ob mit oder ohne Schwert und Federhut: Je größer und schöner der Bänz war, den die kiltenden Burschen ihrer Angebeteten verehrten, desto mehr Chancen hatten sie, von ihr erhört zu werden.

wo er den Sommer verbrachte. Die Erneuerung der Allianz zwischen der Eidgenossenschaft und der französischen Krone wurde mit einem Bankett gefeiert, an dem über vierhundert Gäste teilnahmen. Das Mahl dauerte von Mittag bis um halb sechs, dann verdaute man bei Gesellschaftsspielen, bis das Feuerwerk als Schlussbouquet den Himmel erleuchtete.

Am 16. Oktober 1793 starb Marie-Antoinette in Paris auf dem Schafott. Schlechte Getreideernten und die Verdoppelung des Brotpreises hatten Hungersnöte ausgelöst. Als die Pariser Marktfrauen nach Versailles marschierten und vor dem Schloss skandierten «Wir wollen Brot!», reagierte die Königin mit dem berühmten Spruch: «Wenn sie kein Brot haben, sollen sie doch Kuchen essen.» Er trug viel dazu bei, dass der französischen Monarchie das Genick gebrochen wurde. Baron Besenval musste diese Schmach nicht miterleben, er starb bereits zwei Jahre vorher in seinem Haus in Paris, während sich fünfundzwanzig Gäste bei Tisch befanden.

KRIEGERISCHE SANKT-NIKOLAUS-BRÄUCHE

Im Kanton Solothurn ist der Bänz eine Wissenschaft für sich. Die Volkskundlerin Elisabeth Pfluger ging dem Phänomen auf den Grund: «Die Weihnachtsbäckerei beginnt im Solothurnerland mit dem Grittibänz. Er heißt im Schwarzbubenland Grättimaa, im Gäu Hanselmaa, im Niederamt Hanselimaa.» Doch damit nicht genug. Neben dem Grittibänz beziehungsweise Hanselmaa gibt es einen Ambassadoren- und einen Ratsherrenbänz, die sich kaum unterscheiden. Beide tragen die Soldatenuniform des 18. Jahrhunderts mit Federhut und einem langen Säbel an der linken Seite. Und weil früher die Mädchen von ihrem Schatz am Sankt-Nikolaus-Tag mit einem Bänz samt einer Flasche Wein beschenkt wurden, nannte man ihn auch Chilterbänz; im Wasseramt soll er noch immer so heißen.

Die Solothurner Bäckereien verkaufen heute nur noch einen Standard-Grittibänz, doch in einigen Familien wird der vornehmere Ambassadoren- oder Ratsherrenbänz noch gebacken. Wie nachhaltig die französischen Gesandten und ihr Hofstaat die Solothurner und ihr Brauchtum beeinflussten, wird am Kostüm der damaligen Kläuse deutlich. Um 1760 wurden die Kinder vom Schmutzli und einem in prächtigem Bischofskleid gewandeten Nikolaus besucht. Das Besondere ist jedoch das mächtige silberne Schwert, das Sankt Nikolaus in der Hand hält. Die braven Kinder durften oder mussten es küssen.

Waren aber böse Kinder in der Stube, schwang er das Schwert über ihren Köpfen, dass es flimmerte, und er stach sogar in die Decke, um sie das Fürchten zu lehren. Dann verließ er stumm und feierlich das Haus. «Ein heimgekehrter Söldner ist in die Rolle des heiligen Nikolaus geschlüpft», erklärt Elisabeth Pfluger diesen unheiligen Auftritt. «Deshalb hat er anstelle des Hirtenstabs ein Schwert in der Hand und gebärdet sich kriegerisch. In der Ambassadorenstadt Solothurn suchte sich in jener Zeit jedermann ambassadorenmäßig zu geben, vom Ratsherrn bis zum Perückenmacher und der Glätterin. Darum tut es auch der Grittibänz.»

AMBASSADORENBÄNZ

TEIG 500 g Mehl • 1 1/2 KL Salz • 2 KL Zucker • 80 g Butter • 15 g frische Hefe • 3 dl Milch • 1 Ei, verquirlt

GARNITUR Rosinen • Mandeln • kandierte Kirschen • Orangeat in Streifen • Silberkügelchen

Das Mehl in eine Schüssel sieben. Salz, Zucker und die Butter in Flocken zugeben. Die Milch erwärmen, die Hefe darin auflösen und von der Mitte her mit dem Mehl vermischen. Den Teig gut durchkneten, bis er geschmeidig ist. Die Schüssel mit einem Tuch decken und an der Wärme aufgehen lassen, bis er das doppelte Volumen hat.

Die Teigmasse ergibt vier Bänze. Der Körper entsteht aus einem Oval, indem der Kopf geformt und die Arme und Beine mit der Schere eingeschnitten und herausgezogen werden. Den Hut verziert man mit Orangeatstreifen, die halbierte Kirsche ergibt den Mund, die Rosinen Augen, Knöpfe usw.

Die dekorierten Bänze mit dem verquirlten Ei bestreichen und bei 220°C in der unteren Ofenhälfte 20 bis 25 Minuten backen.

Früher benutzten die Bäcker für die Dekorationen formbeständigeren Teig aus Roggenmehl.

LUZERNER LEBKUCHEN – *Würde er am Samichlausabend fehlen, gingen in der Leuchtenstadt die Lichter aus*

WENN DER LUZERNER SANKT NIKOLAUS MIT SEINEM GEFOLGE AUS DER HOFKIRCHE DURCH DIE STADT ZIEHT, IST DAS JEDESMAL EIN BESONDERS FESTLICHER MOMENT. DER SAFTIGE LEBKUCHEN MIT DER RISSIGEN OBERFLÄCHE GEHÖRT DAZU WIE DIE RUTE ZUM SCHMUTZLI.

«Feste, frohe Feste wollte der Luzerner zu allen Zeiten des Jahres», schrieb der Chronist Theodor von Liebenau 1881, doch das alte Luzern gehe unter. «Denn das, was Luzerns Ruf im In- und Auslande begründete, war nicht die Bauart der Häuser, nicht die Pracht der Kirchen und öffentlichen Gebäude, nicht die wunderliche Gestalt der Brücken und Wege, sondern, abgesehen von dem altbewährten Kriegsruhme und der opferwilligen Hingabe für die höchsten Güter eines freien Volkes, das originelle, lustige Wesen der Bürgerschaft.» Gemütlicher sei keine andere Schweizer Stadt, meinte er. Ein früherer Schreiber bezeichnete im ausgehenden 15. Jahrhundert die Leuchtenstädter nur als «fast fröhlich». Wie dem auch sei, Festfreude manifestiert sich heute nicht zuletzt in der ausgelassenen Fasnacht.

Die Geschichte Luzerns beginnt mit der Gründung des Benediktinerklosters im Jahre 735 an der Stelle der heutigen Hofkirche. 840 kam das Kloster in den Besitz der reichen Elsässer Abtei Murbach, und 1178 wurde die Siedlung mit Brief und Siegel zur

In Luzern zieht um den 6. Dezember der Hof-Samichlaus mit den Schmutzlis und seinen übrigen Begleitern von Familie zu Familie, um die Kinder zu loben und zu tadeln.

Stadt erklärt. Die Hofkirche mit dem Stiftsbezirk blieb lange Zeit das bauliche und geistige Zentrum der einst erzkatholischen Stadt.

LEBKUCHEN FÜR DIE HOFGEISSEN

Die Hofkirche soll über einer Kapelle errichtet worden sein, die dem heiligen Nikolaus von Myra, dem Bischof mit dem langen weißen Bart, geweiht war. Tatsächlich wurden bis ins 16. Jahrhundert in ganz Europa zahlreiche Gotteshäuser nach dem Wundertäter aus Kleinasien benannt. Eine der bekanntesten Legenden berichtet von drei Knaben, die ein ruchloser Metzger verwursten wollte. Sie waren schon zerteilt, als der Bischof sie wieder zum Leben erweckte. Deshalb ist er der Schutzpatron der Schüler und Ministranten.

1851 wurde der «Stadtluzernische Verein zur Unterstützung armer Schulkinder» gegründet. Um Spenden für die Bedürftigen zu sammeln, führten Knabenklassen im Rahmen einer Sankt-Nikolaus-Feier Stücke oder einzelne Produktionen auf, zu denen die Eltern und Bekannte eingeladen waren. Obwohl sich diese Wohltätigkeitsveranstaltung zu einem farbigen Weihnachts- und Jugendfest entwickelte, wurde sie während des Ersten Weltkriegs aufgegeben.

Im Hof genannten Stiftsbezirk fanden zahlreiche Festivitäten statt, die mit dem kirchlichen Jahreskreis in Beziehung standen und in einem üppigen Mahl gipfelten. Man dachte jedoch nicht nur an den eigenen Magen, auch die Jugend und die Bedürftigen kamen zu ihrem Recht. Vor der Totenkapelle wurde 1617 eine Linde gepflanzt, unter der die Kinder am Gründonnerstag mit Krapfen beschenkt wurden. Die Hofschüler und die sogenannten Hofgeißen, die Ministranten und Chorknaben im Hof, waren in der Weihnachtszeit als Sternsinger unterwegs und führten ein Krippenspiel auf, wofür jeder mit einem Lebkuchen und einem Birnenweggen belohnt wurde. Bis 1549 pflegten die Hofgeißen den mittelalterlichen Klosterbrauch, am 28. Dezember, dem Tag der unschuldigen Kindlein, einen Schülerbischof zu wählen, unter dessen Zepter sie sich einen Sack voll Lebkuchen und andere Leckereien ersangen.

Im 20. Jahrhundert kam das Betteln der Schüler aus der Mode. Stattdessen zieht seit dem Ersten Weltkrieg der würdige Hof-Samichlaus in Begleitung der Stiftsschüler durch die Stadt. Sie wurden für den Dienst mit einem Laib Brot und einem Lebkuchen bezahlt. Da sie meist armen Familien entstammten und zumindest für einen Teil ihres Lebensunterhalts selber aufkommen mussten, waren sie für diesen Zustupf besonders dankbar. Kleider und Schuhe spendete ihnen die Schule.

WEISSBÄRTIGER KINDERFREUND

Immer am ersten Dezembersonntag künden die Trompeten der Herolde den Auszug des Sankt Nikolaus vom Hof an. Die Renaissancefassade und die herrschaftliche Freitreppe der Hofkirche bilden die passende Kulisse für den spektakulären Auftritt. Umrahmt von Diakonen, Ministrantinnen und Ministranten, rauschebärtigen Zwerglein und schwarzen Schmutzli hält der Mann im Bischofskostüm eine kurze Ansprache. Die alte Reisläuferuniform der Herolde erinnert daran, dass die meisten Patrizierhäuser Luzerns ohne die einträglichen Söldnerdienste wesentlich bescheidener ausgefallen wären.

Dann macht sich der Samichlaus mit Gefolge auf den Weg zu den Familien der Pfarrei St. Leodegar, die den Besuch wünschen. Die Kinder zittern oder freuen sich, je nach Temperament und Sündenliste, und sagen ein passendes Verslein auf. Sankt Nikolaus lobt und ermahnt väterlich, und der Schmutzli schwingt drohend die Rute. Ist er wieder aus dem Haus, machen sich die Kleinen über die Klaussäcke her, und die Großen bestreichen die Lebkuchenstücke dick mit Butter oder Schlagrahm.

LUZERNER LEBKUCHEN

*TEIG 5 dl Sauerrahm • 6 EL Birnen-
konzentrat (Birnel) • 200 g Zucker • 1 EL
Lebkuchengewürz • 1 Prise Salz
• 1 KL Backpulver • etwa 500 g Ruchmehl
• 100 g Baumnusskerne, grob gehackt
• 1/2 dl Träsch oder Kirsch • etwas Butter*

• Birnenkonzentrat zum Bestreichen

Den Sauerrahm mit Birnel, Zucker, Lebkuchengewürz, Salz und Backpulver mischen. Das Mehl und die Nüsse einarbeiten und gut kneten; der Teig darf nicht zu fest werden, sonst wird der Kuchen trocken.
Eine Springform von 26 cm Durchmesser buttern, den Teig bergartig einfüllen. Bei 180 °C 55 Minuten backen. Den Lebkuchen noch warm großzügig mit Birnel bestreichen.

Einige Luzerner Bäckereien sind seit Generationen auf die Herstellung des Lebkuchens spezialisiert und verkaufen ihn das ganze Jahr über. Jede hütet ihr Hausrezept, so dass die Oberfläche einmal mehr und einmal weniger rissig ist.

TARTE AUX POIRES À LA GENEVOISE — *Der Genfer Birnenkuchen bildet den Höhepunkt des Escalade-Menüs*

MIT DER ESCALADE ZELEBRIEREN DIE GENFER JEDES JAHR IM DEZEMBER IHREN SIEG ÜBER DIE GEFÜRCHTETEN SAVOYER IM JAHRE 1602. ES IST EIN SINNENFROHES FEST ZU EHREN EINER BEHERZTEN FRAU, DIE MIT IHRER GEMÜSESUPPE DIE SOLDATEN IN DIE KNIE ZWANG.

Die Metropole am unteren Ende des Genfersees hat viele Gesichter. Gewöhnlich werden die «Genevois» als zurückhaltende, von der Reformation geprägte Menschen charakterisiert, die es vorziehen, möglichst wenig Aufsehen zu erregen. Zu diesem Lebensstil passen die Sträßchen und stillen Winkel der Altstadt mit ihren Antiquariaten, Galerien und Cafés, wo man das Gefühl hat, die Uhren seien ein paar Jahrzehnte lang stehengeblieben.

Doch Genf kann durchaus auch geschäftig, quirlig und ab und zu sogar schrill sein. Dank der rund zweihundert internationalen Organisationen, die sich in der Rhonestadt niedergelassen haben, und der drei Dutzend Konsulate hat Genf auch eine großstädtische Ambiance: An schönen Sonntagen flanieren an den Quais Nordafrikaner in wallenden Burnussen, Inderinnen in kostbaren Saris, Asiaten mit ihren zierlichen Begleiterinnen, schneeweiß gewandete Araber, Schwarzafrikaner in ihren farbenprächtigen Gewändern, Südamerikaner sowie Vertreter der verschiedensten europäischen Länder. Ein friedliches Nebeneinander von Menschen, die den glitzernden See und Genfs Wahrzeichen, die stiebende Wasserfackel des Jet d'eau, bewundern und genießen.

DER MACHTHUNGRIGE HERZOG

Die Fête de l'Escalade erinnert die Genfer einmal im Jahr daran, dass die Zeiten nicht immer so ruhig waren. Die prosperierende Stadt an der strategisch günstigen Lage stach Herzog Karl Emanuel von Savoyen seit seiner Thronbesteigung 1580 ins Auge, zumal sie sich inmitten seiner Ländereien befand. Doch dank geschickter politischer Schachzüge und Allianzen hatte sie ihre Unabhängigkeit zu bewahren vermocht. Obwohl Karl Emanuel den Genfern noch am 1. Dezember 1602 seine friedfertigen Absichten kundtat, hatte er bereits vorher einen Plan genehmigt, die Stadt im Handstreich einzunehmen.

In der Nacht vom 11. auf den 12. Dezember zog ein Heer von über zweitausend Mann mit berittenen Kanonieren und Geharnischten vor die Ringmauern der Stadt. Mit Leitern und Petarden ausgerüstet, setzten sie über den Wassergraben, erkletterten die Mauern und waren etwa um 2 Uhr morgens in die Stadt vorgedrungen. Die Patrouillen schlugen Alarm, worauf ein hartnäckiger Straßenkampf stattfand. Rasch gewannen die Genfer die Oberhand und jagten die Angreifer in die Flucht. Der Kampf hatte 27 Genfer Bürgern und 54 savoyischen Soldaten das Leben gekostet. Im Jahr darauf wurde Genfs Unabhängigkeit im Frieden von Saint-Julien von den Savoyern anerkannt.

Ihr Sieg kam den Genfern wie ein Wunder vor, und sie dankten dafür jedes Jahr im Rahmen einer kirchlichen Feier. Im Laufe des 17. Jahrhunderts entwickelte sich die Escalade zu einem Volksfest mit Maskeraden, Gelagen und historischen Umzügen. Damals entstand auch das «Cé qu'é laino», das Escalade-Lied mit 68 Strophen, das später zur Genfer Hymne wurde.

COURAGIERTE MÈRE ROYAUME

Für die Genfer Bevölkerung wurde dieser Kampf zu einem patriotischen Mythos, um den sich Legenden und Anekdoten rankten. Unter ihnen ist die Geschichte der Mère Royaume die populärste und mit verschiedenen kulinarischen Bräuchen verbunden. Catherine Royaume, eine Mutter von 14 Kindern, soll die Angreifer in die Flucht geschlagen haben, indem sie einen Kessel voll heißer Gemüsesuppe über sie goss oder, nach einer anderen Version, den Suppenkessel einem Soldaten über den Kopf stülpte. Ihr Kochtopf ist zum Symbol der Escalade geworden: Die mit Marzipangemüse gefüllte

Ob Catherine Royaume nachts eine Suppe auf dem Feuer hatte, die sie über die Savoyer ausgoss, ist nicht belegt. Doch sie war bestimmt eine der vielen mutigen Genferinnen, die sich zu wehren wussten.

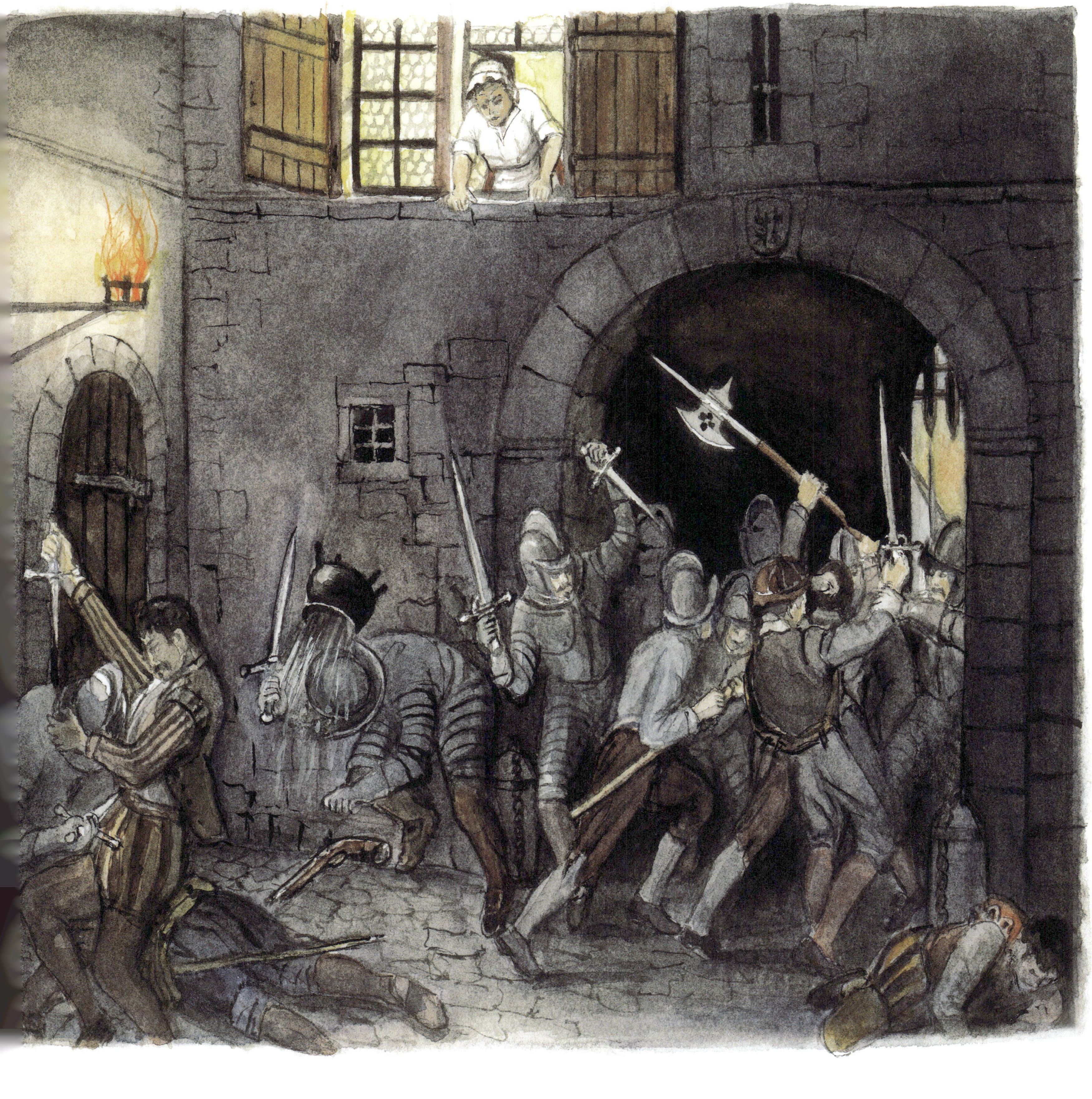

TARTE AUX POIRES À LA GENEVOISE

*TEIG 300 g geriebener Teig (siehe Rezept S.104) • etwas Butter • 30 g Zucker • 20 g Mehl • 1 KL Zimt
• 8 reife Birnen (Williams) oder feste Kompottbirnen • je 100 g Zitronat und Orangeat,
fein gewürfelt • 100 g Rosinen • 1/2 dl Weißwein • 25 ml Baumnussöl • 1 dl Rahm • 40 g Rohrzucker*

Ein rundes Kuchenblech von 24 cm Durchmesser buttern, mit dem ausgewallten Teig belegen und mit einer Gabel mehrmals einstechen. Zucker, Mehl und Zimt mischen und auf dem Teig verteilen. Frische Birnen schälen, Kerngehäuse entfernen und in Stücke schneiden; Kompottbirnen gut abtropfen und würfeln. Die Birnen mit Zitronat, Orangeat, Rosinen und Nussöl mischen und auf dem Teigboden verteilen. Weißwein und Rahm darüberträufeln. Mit dem Rohrzucker bestreuen. Die Tarte bei 220 °C während 30 bis 35 Minuten backen.

«Marmite» aus heller oder dunkler Schokolade wird an Kinder und Freunde verschenkt. Mit dem Kriegsruf «Qu'ainsi périssent les ennemis de la République! – Auf dass die Feinde der Republik genauso zugrundegehen!» wird der Topf mit der Faust oder einem Schwert zertrümmert und anschließend samt Inhalt genüsslich verspeist. Während des Festes wird die richtige Suppe der Mutter Royaume angeboten, von der es zahlreiche Rezepte gibt. Wichtig ist, dass sie viel kleingeschnittenes Gemüse enthält und lange gekocht hat.

Die echte Catherine Royaume-Cheynel wurde in Lyon geboren und heiratete einen Töpfer namens Pierre. Die beiden Protestanten flohen im September 1572 nach Genf, um der Hugenottenverfolgung zu entgehen. Pierre Royaume arbeitete als Münzpräger und wohnte mit seiner Familie an seiner Arbeitsstätte neben der Porte de la Monnaie. Von den vierzehn Kindern der Royaumes sind mehrere im Säuglingsalter gestorben.

Die beherzte Tat der Mère Royaume steht für sämtliche Bürgerinnen und Bürger, die sich gegen den Überfall gewehrt hatten, indem sie die Soldaten mit allem bewarfen, was ihnen in die Hände geriet: Möbel, Geschirr, Kochtöpfe…

BIRNENKUCHEN UND KARDENGRATIN

Seit 1919 findet der Umzug mit den historischen Kostümen, Rüstungen und Waffen regelmäßig statt. Organisiert werden die Feierlichkeiten durch die «Compagnie de 1602»: Diese 1926 gegründete patriotische Gesellschaft hat ungefähr 2500 Mitglieder, denen es ein Anliegen ist, dass die Escalade erhalten bleibt und in gebührender Art und Weise durchgeführt wird. Dazu gehört auf jeden Fall das gemeinsame Singen der frommen «Cé qu'é laino», allerdings in einer verkürzten Version, zum Schluss des Umzugs.

Zu einer rechten Escalade gehört das traditionelle Menü, bestehend aus Gemüsesuppe, geschmortem Schweinsbraten mit Kardengratin und dem Genfer Birnenkuchen.

Das kleine Kantonsgebiet rund um Genf ist ein regelrechter Garten Eden, in dem Korn, Weinreben, delikates Obst wie die Williamsbirne und die sonst nur in südlicheren Ländern gezogenen Karden gedeihen.

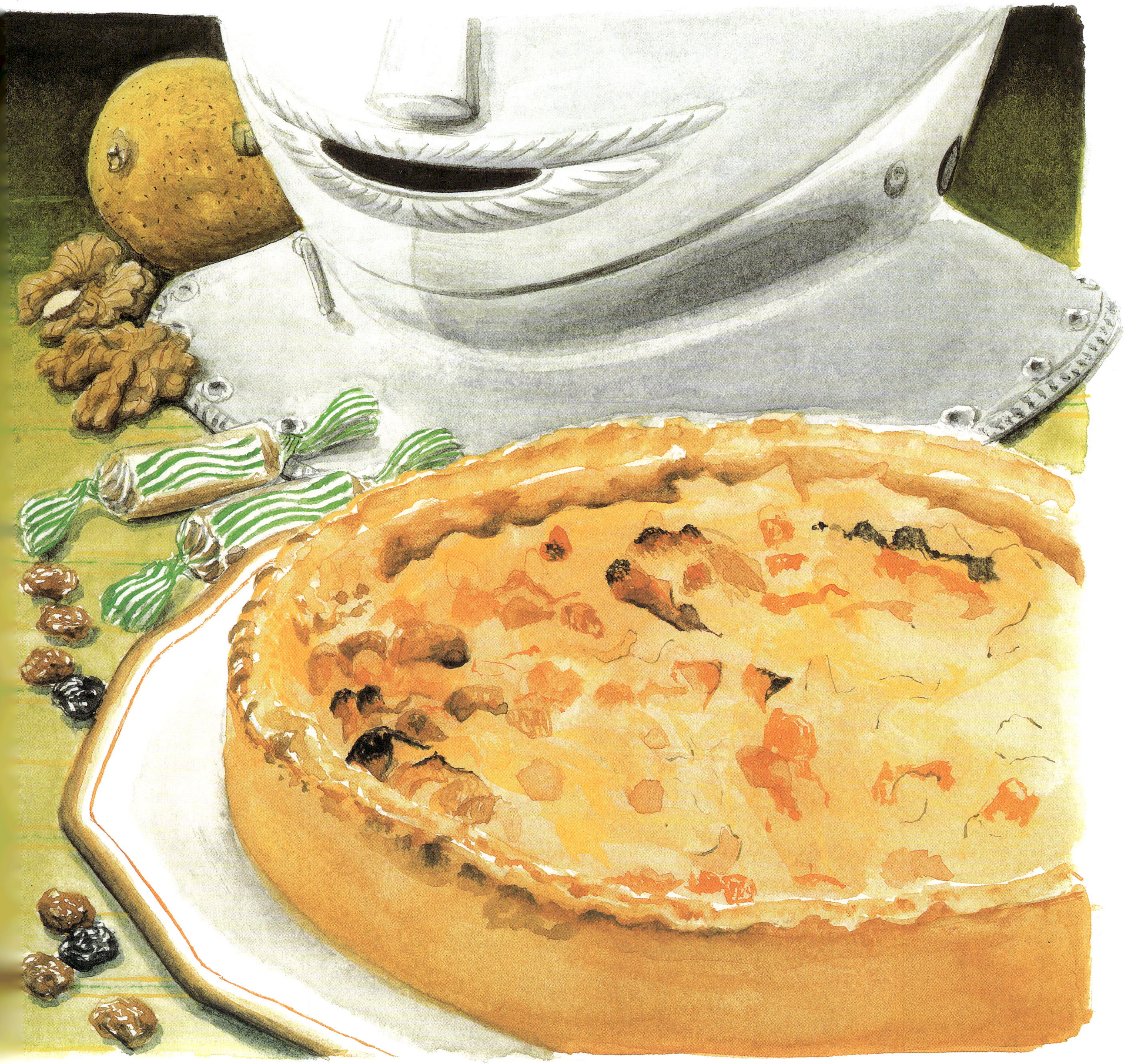

BÛCHE DE NOËL – *Die hölzernen Ahnen dieser beliebten Weihnachtsroulade lehrten böse Geister das Fürchten*

IM WAADTLAND WIRD AN WEIHNACHTEN NACH FRANZÖSISCHER TRADITION LIEBER GUT GEGESSEN STATT GESUNGEN. UND WIE IN VIELEN ROMANISCHEN LÄNDERN BLEIBT MAN DEM GLÜCKSBRINGENDEN, URALTEN BAUMSTAMM TREU, DER EINST IM KAMIN LANGSAM VERBRANNTE.

Eine kleine, aber aufschlussreiche Umfrage zeigte, dass es neben dem Röstigraben auch noch einen Weihnachtsgraben gibt. In der calvinistisch geprägten Westschweiz ist das Singen von Weihnachtsliedern weniger beliebt als in der Deutschschweiz. Außerdem feiert man in der französischsprachigen Schweiz lieber einmal, aber im großen Familienkreis, während östlich der Saane die Weihnacht gern auf zwei bis drei kleinere Feiern ausgedehnt wird und man ganz allgemein ein gefühlsbetonteres Verhältnis zum Christfest hat. Die romanische Weihnacht ist ausgelassener als die allemannische.

Unterschiede sind auch beim Weihnachtsessen zu erkennen, das sich im deutschsprachigen Teil häufig auf das praktische Schinkli oder auf Fondue chinoise beschränkt. Damit geben sich die Romands gewöhnlich nicht zufrieden. Wie ihre französischen Nachbarn tafeln sie an Weihnachten und Silvester eher festlich-luxuriös. Traditionell dürfen dabei die Gänseleber als Vorspeise und die Bûche de Noël zum Dessert nicht fehlen. Die Biskuitroulade mit

Neben den hauptsächlich im Winter genossenen Wurstspezialitäten spielen Wein und Fisch, insbesondere die Eglifilets, in der Waadtländer Küche eine wichtige Rolle. Im Bild Rivaz im Lavaux.

Buttercremefüllung in Form eines Baumstamms wurde 1870 von Pariser Patissiers lanciert und fand sogleich großen Anklang. Sie ersetzte den echten Weihnachts-Baumstamm oder -Klotz, da damals in den meisten neueren Häusern und Stadtwohnungen kein offener Kamin oder Holzofen mehr vorhanden war.

SCHLEMMEN UND FEIERN À LA FRANÇAISE

Der traditionellen Waadtländer Küche sind Experimente und modischer Firlefanz fremd. Man ist stolz auf die einheimischen Produkte und bereitet sie nach alter Mütter und Väter Sitte zu: gradlinig, nahrhaft, großzügig. Seit Jacques Chessex das Hausschwein und dessen Opfertod auf der Schlachtbank literarisch besungen hat, ist die «heilige Waadtländer Charcuterie» auch in Frankreich ein Begriff. «Es ist auf jeder Tafel präsent, bei Festen, Beerdigungen, Feiern», schreibt der 1934 in Payerne geborene Schriftsteller und doppelt nach, dass dies der Herrgott befohlen habe. So wurde früher selbstverständlich auch an Weihnachten ein deftiger Schweinsbraten oder Schinken in den Ofen geschoben. Doch der französische Einfluss und die Verstädterung haben das gute alte Schwein von der weihnächtlichen Tafel verdrängt.

Ein ähnliches Schicksal erlebte die Torche, ein mit der Neuenburger Taillaule verwandter Hefekuchen, der früher das traditionelle Festgebäck im Kanton Waadt war: An ihre Stelle trat die Bûche de Noël, und sie hält die Stellung bis zum heutigen Tag. Allmählich eroberte der süße Baumstamm in zahlreichen Geschmacksrichtungen die ganze Westschweiz. Beliebt sind auch die Glace-Bûches in der traditionellen Form. Hingegen hat sich die alemannische Gewohnheit, mehrere Sorten Weihnachtsguetzli zu backen, im Kanton Waadt nicht eingebürgert. Hier schleckt man während der Festtage – genau wie in Frankreich – vorzugsweise Schokolade in Form von Pralinen oder Desserts. Die klassische Bûche wird ebenfalls mit Schokolade zubereitet, mit der sich überdies die Baumrinde täuschend echt imitieren lässt.

Die Küche der westlichen Nachbarn wurde von begüterten Waadtländern bereits zur Zeit des Ancien Régime geschätzt. Der französische Gastrophilosoph Brillat-Savarin (1755–1826) wiederum hatte auf seiner Reise durch die Schweiz das Käsefondue kennengelernt. Er lobte das Niveau der Lausanner Gastronomie und den Weißwein dieser Gegend in derart hohen Tönen, dass es ihm offensichtlich an nichts gefehlt hatte. Zur «Französisierung» beigetragen haben unter anderem rhoneaufwärts geschiffte Produkte wie Tomaten, Auberginen, Mandeln, Trüffeln, Rohrzucker und Nougat. Auf diesem Weg war vermutlich auch der Ypocras aus Lyon in die Genferseeregion gelangt: Wie in Basel bewirtete man im Kanton Waadt die

Im Kanton Waadt war es früher Brauch, an Weihnachten einen Holzklotz zu verbrennen und die Asche auf den Feldern und in den Weinbergen zu verstreuen. Die Kinder erhielten einen mit Süßigkeiten gefüllten Stamm.

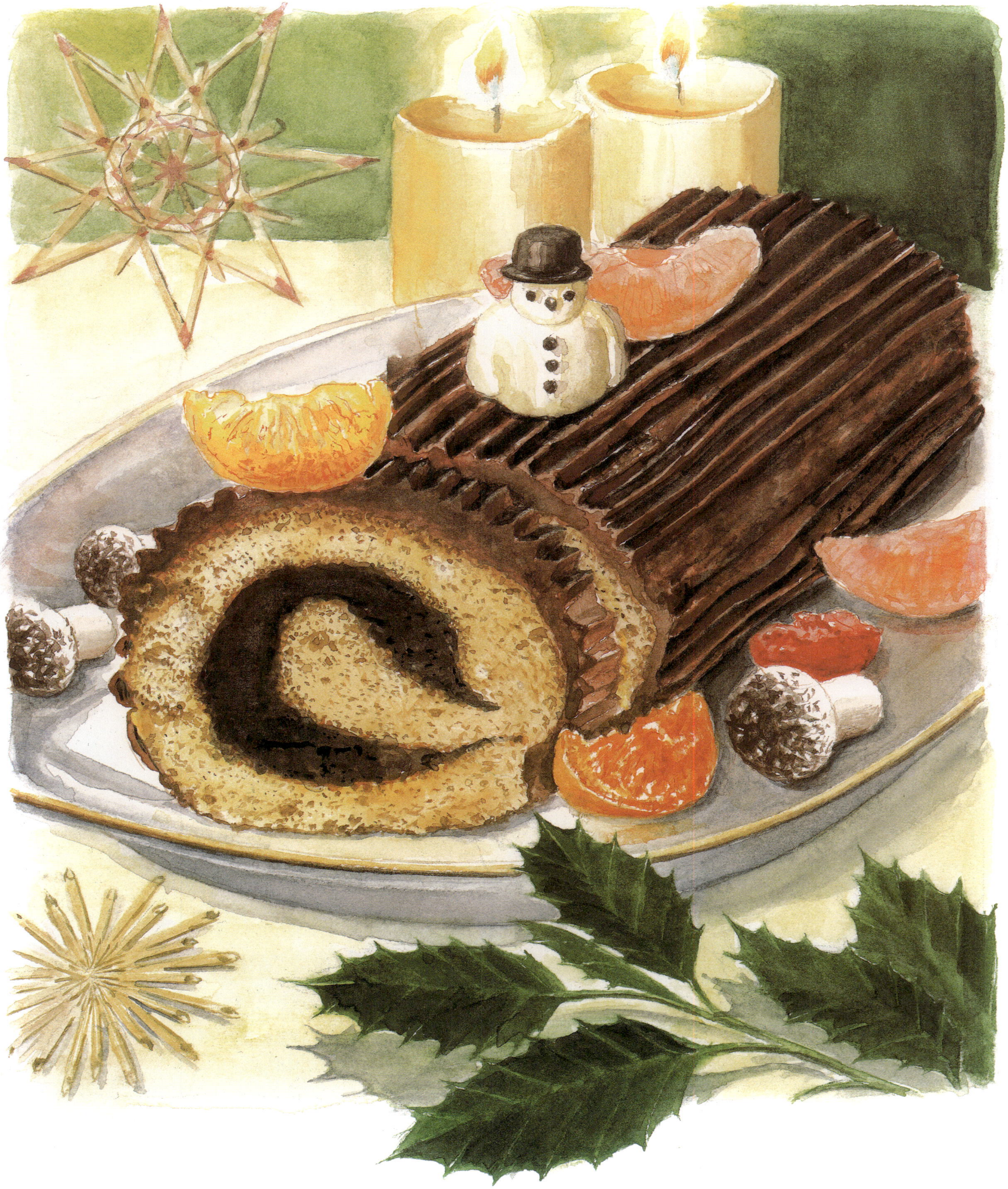

Eine selbstgebackene und phantasievoll dekorierte Bûche de Noël ist eine besondere Zierde der Weihnachtstafel. Wer jedoch die Mühe scheut, wird in den Westschweizer Konditoreien und Bäckereien fündig.

Gäste zwischen Weihnachten und Neujahr mit diesem Gewürzwein.

CHRISTBLOCK-SITTEN

Die Spur der Bûche de Noël führt uns zurück in die graue Vorzeit. Bereits die alten Germanen sollen zur Wintersonnenwende einen mächtigen sogenannten Julblock verbrannt haben. Ähnliche Lichtrituale waren auch in romanischen, baltischen und slawischen Ländern bis nach Albanien und Griechenland verbreitet. Meist war damit die Vorstellung verbunden, dass das Schlagen und Verbrennen des Holzes sowie das anschließende Verstreuen der Asche dem Dorf oder der Familie samt Haus und Hof im kommenden Jahr Glück bringe.

Auch aus dem antiken Rom sind mehrere Winterbräuche überliefert, bei denen Bäume eine Rolle spielen. Die Anhänger der Göttin Strenia schnitten während der Saturnalien, die um die Weihnachtszeit stattfanden, Äste ab und verschenkten sie als Glücksbringer. Das Schneiden der Barbarazweige am 4. Dezember ist damit vergleichbar, denn deren Aufblühen verheißt allgemeines Glück, Erfüllung in der Gestalt eines Geliebten oder eine gute Obsternte. Indem die Römer den «Kalendenblock» mit Wein übergossen und mit Früchten dekorierten, hofften sie auf ein gutes Jahr in Feld, Wald und Rebberg.

In Osteuropa bohrte man in den Stamm einer dreijährigen Eiche ein Loch, das man mit Öl, Kräutern und Weihrauch füllte, und hüllte ihn dann in ein weißes Tuch. Dieses Sinnbild für den gesalbten Christus wurde am Weihnachtsabend ins Kaminfeuer gelegt. Brannte der Block die ganze Nacht, brachte er dem Haus und seinen Bewohnern Glück und Segen übers Jahr.

Sollte der Christblock Blitze abwehren, wurde er in Frankreich und Belgien am Weihnachtsabend oder Weihnachtstag nur solange ins Feuer gelegt, bis er rundum angebrannt war. Dann zog man ihn heraus und bewahrte ihn auf. Sobald sich schwarze Gewitterwolken am Himmel zeigten, legte man das Scheit wieder in die Glut – die ja früher in der Kochstelle auch im Sommer die ganze Zeit über schwelte – und hoffte, das Unwetter ziehe unverzüglich weiter. Die «heilige» Asche wurde sorgfältig zusammengescharrt und aufbewahrt.

Im Kanton Waadt war es außerdem Sitte, den ausgehöhlten Ast für die Kinder mit Süßigkeiten und Nüssen zu füllen. In manchen Familien verbrannte man für jedes Familienmitglied ein Scheit, so dass es in kinderreichen Häusern an Weihnachten besonders warm und wohlig war.

Nach dem Verschwinden des echten Weihnachtsklotzes gegen Ende des 19. Jahrhunderts hielt der Tannenbaum auch in der Westschweiz Einzug. Die Bûche de Noël wanderte vom Kaminfeuer auf den Tisch. Zwar verlor sie dadurch ihre magischen Kräfte, gewann jedoch an Popularität und errang eine Spitzenposition innerhalb der europäischen Weihnachtsbäckerei.

BÛCHE DE NOËL

TEIG (für 10 Portionen): 140 g Kristallzucker • 4 Eier • 100 g Mehl • 3 EL Schokoladepulver • 3 g Backpulver • 35 g Maizena

ZUCKERSIRUP 70 g Zucker • 75 cl Wasser • 3 EL Rum

FÜLLUNG (SCHOKOLOADE-MOUSSE) 125 g Dessertschokolade (Kochschokolade) • 75 g Butter • 2 Eigelb • 3 Eiweiß • 20 g Zucker

GARNITUR Schokoladepulver und -späne • ungefärbtes und hellgrünes Marzipan

Aus den angegebenen Zutaten einen Biskuitteig backen (siehe Rezept S. 104).

Für die Mousse die Schokolade im Wasserbad schmelzen lassen. Die Butter zufügen und mit dem Schneebesen cremig rühren. Die Eigelbe darunterrühren und alles etwas abkühlen lassen. Die Eiweiße zu steifem Schnee schlagen, indem der Zucker nach einer Weile beigegeben wird. Die Schokolademasse auf den Schnee gießen und alles mit einem Spachtel sorgfältig vermischen. In den Kühlschrank stellen.

Für den Sirup den Zucker in kochendem Wasser auflösen und mit Rum parfümieren. Die Biskuitplatte damit tränken. Etwa 500 g Schokolademousse über die ganze Oberfläche verstreichen. Den Biskuit aufrollen, in Klarsichtfolie hüllen und mindestens 1 Stunde in den Kühlschrank stellen.

Die restliche Schoggimousse über die Rolle verteilen und mit der Gabel dekorieren. Mit Blättern und Pilzen aus Marzipan, Schokopulver und eventuell Schokoladespänen garnieren.

GUT GEMISCHT, GERÜHRT UND GEKNETET – *Feine Grundrezepte für gelungenes Festgebäck*

BLÄTTERTEIG

ZUTATEN 250 g Mehl • 1 KL Salz • 25 g weiche Butter • ca. 1,5 dl kaltes Wasser • 1 EL Zitronensaft • 250 g eiskalte Butter am Stück

Mehl und Salz in eine Schüssel sieben und mit der weichen Butter mit den Fingern bröselig zerreiben. Den Zitronensaft darüberträufeln. Das kalte Wasser langsam dazugießen und alles zu einem festen, trockenen Teig verarbeiten. Gut kneten und zu einer Kugel formen. Diesen Grundteig in Folie wickeln und etwa 1 Stunde im Kühlschrank kaltstellen. Den Butterblock zwischen zwei Blätter Frischhaltefolie legen. Mit dem Wallholz zu einem etwa 1 cm dicken Rechteck ausrollen. Kühlstellen.

Die Teigkugel auf einer bemehlten, möglichst kühlen Arbeitsfläche zu einem Rechteck ausrollen. Es sollte groß genug sein, um die Butterplatte darin einzuschlagen. Die Teigränder um die Butter gut zusammendrücken. Es soll ein geschlossenes, rechteckiges Päckchen entstehen. Das Teig-Butter-Paket sorgfältig zu einem langen, schmalen Rechteck auswallen. Den Streifen dreifach übereinanderklappen. Nochmals zu einem schmalen Streifen auswallen und erneut dreifach zusammenklappen. 15 Minuten im Kühlschrank kaltstellen. Den Teig mit Mehl bestäuben, wiederum auswallen und dreifach zusammenklappen. Je öfter das Prozedere wiederholt wird, desto blättriger und luftiger ist der Teig nach dem Backen: Jede «Tour» befördert Butter zwischen die Schichten, die das Zusammenkleben verhindert.

Blätterteig, ob selbstgemacht oder gekauft, sollte immer kalt verarbeitet werden. Die Teigplatte zur gewünschten Form auswallen und die Ränder rundherum abschneiden, damit die Schichten beim Backen gut aufgehen können. Blätterteig wird bei 220°C gebacken.

MÜRBETEIG, GERIEBENER TEIG

ZUTATEN 200 g Mehl • 1 Prise Salz • 50 g Zucker • 125 g eiskalte Butter • 1 Eigelb

Dieser Teig benötigt Kälte, um zu gelingen: Zutaten, Arbeitsfläche und Hände sollten möglichst kühl sein, sonst wird er klebrig.

Das Mehl auf die Arbeitsfläche zu einem Berg sieben. Eine Mulde formen. Zucker, Salz und Eigelb hineingeben. Die eiskalte Butter rasch in kleine Stücke schneiden und über das Mehl streuen. Die Zutaten mit einem Messer sorgfältig kleinhacken. Anschließend rasch von Hand zusammenkneten und zu einer Kugel formen. In Folie packen und mindestens 30 Minuten vor dem Verarbeiten und Backen kaltstellen.

Dieser knusprige Mürbeteig eignet sich besonders gut als Boden für süße Wähen. Ungezuckert eignet er sich für pikantes Gebäck.

BISKUITTEIG

ZUTATEN 6 Eier • 175 g Kristallzucker • 140 g Mehl • 100 g Butter • 3 EL Schokoladepulver

Die Butter sanft schmelzen lassen. Ein rechteckiges Backblech mit Backpapier auslegen und mit etwas flüssiger Butter einpinseln. Den Backofen auf 180°C vorheizen. Eigelbe und Eiweiße trennen und in zwei Schüsseln geben. Die Eigelbe mit dem Zucker im heißen Wasserbad hell und schaumig schlagen (mit elektrischem Schneebesen ca. 5 Minuten). Mehl und Schokoladepulver auf die Eiercreme sieben, jedoch nicht umrühren. Die Butter dazugießen.

Die Eiweiße steifschlagen. Ein Drittel der Masse unter die Eier-Mehl-Masse heben. Dann den restlichen Eischnee vorsichtig darunterheben, damit die Luftbläschen nicht zerstört werden. Die Biskuitmasse aufs Blech gießen und glattstreichen. Im vorgeheizten Ofen 10 bis 12 Minuten backen. Die Biskuitplatte noch heiß auf ein mit Zucker bestreutes Küchentuch stürzen. Das auf der Oberfläche haftende Papier mit Wasser einpinseln; nach etwa 2 Minuten kann man das Papier leicht abziehen. Die noch warme Teigplatte mit Hilfe des Tuches aufrollen und auskühlen lassen. Zum Füllen wird das bruchgefährdete Objekt vorsichtig entrollt.

VANILLECREME, KONDITORCREME

ZUTATEN 3 dl Milch • 1 Vanilleschote • 1 Prise Salz • 3 Eigelb • 50 g Zucker

Die Milch mit der aufgeschlitzten Vanilleschote und dem Salz aufkochen. Zur Seite stellen, damit die Milch das Vanillearoma aufnimmt. Die Eigelbe mit dem Zucker cremig schlagen. Maizena untermischen. Die Milch wieder aufkochen und zur Eigelbcreme gießen. Die Mischung in die Kasserolle zurückgießen, unter ständigem Schlagen mit dem Schneebesen erhitzen und kurz kochen lassen (dank der Maisstärke flockt das Eigelb nicht aus), bis sie die gewünschte cremige Konsistenz besitzt.

Die Oberfläche mit Zucker bestreuen oder mit einer Folie decken, damit sich beim Auskühlen keine Haut bildet. Für den Dreikönigskuchen wird die Hälfte der angegebenen Menge benötigt; mit ein wenig Schlagrahm vermischt und Beeren dekoriert, wird diese Vanillecreme zum herrlichen Dessert.

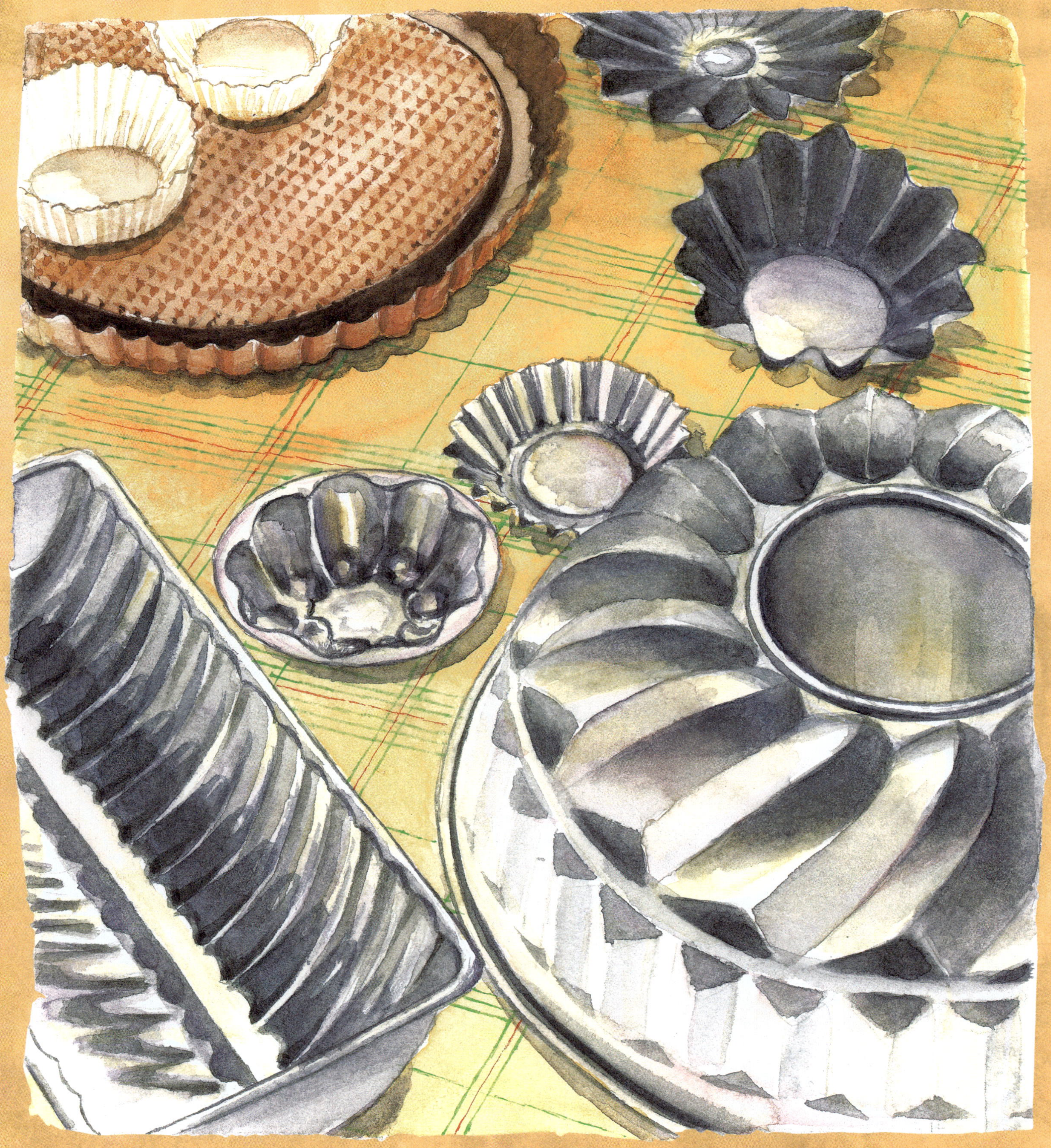

WÜRZEN, SCHÄRFEN, LOCKERN – *Aromatische und treibende Ingredienzen aus alten und neuen Backstuben*

ANIS

Uraltes, im Mittelalter sehr beliebtes Gewürz, das in der Lebkuchenbäckerei einen festen Platz hatte, aber auch für Brot, Suppen und Fleischgerichte verwendet wurde. Die Anispflanze ist mit Fenchel, Kümmel und Kreuzkümmel eng verwandt. Die getrockneten Samen haben einen intensiven lakritzartigen Geschmack und werden ganz belassen, gemahlen oder zu Öl verarbeitet. Anis wird auch als Heilmittel eingesetzt, wobei es seinen guten Ruf vor allem der verdauungsfördernden Wirkung verdankt.

BACKHEFE

Backhefe ist als Frischhefe in Blockform oder Trockenhefe erhältlich. Die frische Hefe muss hellgrau bis gelblich sein, von fester Konsistenz und angenehm säuerlich im Geschmack. Alte Backhefe ist schmierig, braungrau und hat ihre Triebkraft praktisch verloren. Im Kühlschrank bleibt die Blockhefe bis zu zwölf Tage lang frisch, während Trockenhefe ungefähr ein Jahr verwendet werden kann. Beide reagieren empfindlich auf zu heiße oder zu kalte Temperaturen bei der Verarbeitung; optimal sind 32° Celsius. Damit sich die Hefe vermehrt und der Teig optimal aufgeht, braucht sie auf jeden Fall ein wenig Zucker. Backhefe wird in erster Linie für Gebäck aus Weizenmehl verwendet.

BACKPULVER

Das heute am häufigsten verwendete Triebmittel besteht aus einer Mischung von doppeltkohlensaurem Natron und einer Säure wie Weinstein oder Zitronensäure. Backpulver wird hauptsächlich bei Rührteigen eingesetzt, die es durch die Bildung von Kohlensäure lockert und aufgehen lässt. Erfunden wurde das Backpulver um die Mitte des 19. Jahrhunderts, doch so richtig populär machte es der Apotheker August Oetker, als er 1898 mit dessen Massenproduktion begann. Er verkaufte das chemische Produkt, das das Kuchenbacken wesentlich vereinfacht, nicht mehr bloß den professionellen Bäckern, sondern gewann auch die Hausfrauen als begeisterte Kundinnen.

GEWÜRZNELKE

Beim guten alten «Nägeli», das gewöhnlich in der Zwiebel steckt, handelt es sich um die getrocknete, geschlossene Blütenknospe eines immergrünen Baumes, der ursprünglich auf den Molukken beheimatet war. Nimmt man eine Gewürznelke in den Mund, empfindet man sie als penetrant und unangenehm, weshalb die Lebküchler sie in Pulverform und äußerst sparsam dem Teig beimischten. In der Zahnmedizin ist das Nelkenöl seit alters hochgeschätzt und wird zur Lokalanästhesie, Desinfektion und Kariesprophylaxe eingesetzt.

HIRSCHORNSALZ

Die Bezeichnung ist irreführend, denn Hirschhornsalz wurde nie aus Geweihen gewonnen, sondern aus Horn und Leder. Heute ist es ein rein chemisches Produkt. Es wird für flaches, würziges Gebäck wie Lebkuchen oder Spekulatius verwendet und zur Lockerung von ausgesprochen schwerem, zuckrigem Teig. Im Gegensatz zum Backpulver enthält Hirschhornsalz keine sauren Bestandteile, entwickelt beim Gären aber einen typischen Ammoniakgeschmack, der von den Gewürzen jedoch neutralisiert wird. Mit Hirschhornsalz zubereitete Backwaren bleiben lange genießbar, da sie vor Schimmelpilzen geschützt sind.

KARDAMOM

Ein teures tropisches Gewürz, das bereits in vorchristlicher Zeit von den Indern, Griechen und Römern geschätzt wurde. Die ovalen Fruchtkapseln enthalten bis zu zwanzig dunkle Samen, die ganz oder gemahlen verwendet werden. Dank seines starken, aber frischen Aromas eignet sich Kardamom für süße und salzige Speisen, parfümiert den Kaffee der Beduinen und wird zur Erfrischung des Atems auch gern einfach so gekaut.

MUSKAT

Muskat spielte früher als Handelsware, Gewürz- und Heilpflanze eine eminent wichtige Rolle. In Europa wurde er erst im 16. Jahrhundert für die Küche entdeckt, doch sein Erfolg war auch hier groß: Wer es sich leisten konnte, würzte fast alles, sei es Glühwein, Bier, Gebäck, Braten oder

Suppe, mit der magischen Frucht. Auf tropischen Inseln heimisch, bringt der bis zu 12 Meter hohe Baum nicht nur eine kostbare Nuss hervor, ihr Samenmantel, die sogenannte Muskat- oder Macisblüte, ist für die Küche ebenfalls sehr interessant.

PIMENTPFEFFER

Auch Nelkenpfeffer genannte getrocknete Beeren des Pimentbaums, der vorwiegend auf Jamaika kultiviert wird. Das scharfe und gleichzeitig sehr aromatische Gewürz findet nicht nur in der Küche vielseitige Verwendung, es veredelt auch Parfüms, Duftmischungen, Tees und alkoholische Getränke.

POTTASCHE

Pottasche oder Kaliumcarbonat wird für flache Lebkuchen und Honiggebäck verwendet, da sie eher in die Breite als in die Höhe treibt. Das weiße Pulver ist ein Bestandteil der Holzasche und wurde durch Auswaschen und Eindampfen in «Pötten» (Töpfen) gewonnen. Pottasche ist in Apotheken und Drogerien erhältlich.

ROSENWASSER

Das einst so beliebte Rosenwasser entsteht bei der Destillation von Rosenöl und wird auch als Rosen-Hydrolat bezeichnet. In Ermangelung dieses Produkts stellten es die Hausfrauen früher auch selber mit stark duftenden Rosenblättern her, die sie in Regenwasser an der Sonne mazerierten oder in Salz einlegten und anschließend im Brennhafen destillierten. Rosenwasser zum Backen und Kochen ist in Drogerien, Apotheken und Reformhäusern erhältlich.

STERNANIS

Ein dekoratives Gewürz aus Südchina und Vietnam, das ganz, zerbrochen oder in Pulverform eingesetzt wird. Obwohl es ähnlich schmeckt wie Anis und Fenchel, handelt es sich um die Frucht eines gelbblütigen Magnolienbaums. Jede der acht Sternzacken enthält einen Samen, wobei die ganze getrocknete Frucht Würzkraft hat und gemahlen wird. In Europa wurde Sternanis im 17. Jahrhundert verwendet und geriet später in Vergessenheit. Seine Wiederentdeckung verdanken wir dem Siegeszug der asiatischen Küche.

TRIEBSALZ

Für lebkuchenartiges Gebäck verwendetes Triebmittel (siehe unter Hirschhornsalz).

VANILLESCHOTE

Vanille war schon bei den Azteken ein beliebtes Gewürz, mit dem sie ihren Schokoladedrink verfeinerten. Bis 1841 wurde sie ausschließlich in Mexiko angebaut. Die langen, schmalen Früchte der tropischen Kletterpflanze werden in einem aufwendigen Verfahren gebeizt und sind darum auch heute noch relativ teuer. Besonders aromatisch sind die winzigen, öligen Samen der Schoten. Echte Vanilleschoten sind den synthetischen Ersatzprodukten geschmacklich haushoch überlegen. Erstklassigen Vanillezucker kann man selber herstellen, indem man eine aufgeschlitzte Vanilleschote in einem Glas Kristallzucker aufhebt. Vanille findet vermehrt auch in der Parfümerie Verwendung.

BIBLIOGRAPHIE

Bächtold-Stäubli H., *Handwörterbuch des deutschen Aberglaubens,* Walter de Gruyter, Berlin, 1987 (Nachdruck der von 1927 bis 1942 erschienenen Ausgabe)

Bendel H., *Schaffhausen genießen – Mehr als ein Kochbuch,* Meier Verlag, Schaffhausen, 1997

Branthomme H., Chélini J., *Auf den Wegen Gottes. Die Geschichte der christlichen Pilgerfahrten,* Bonifatius Verlag, Paderborn, 2002

Capitani de F., *Soupes et citrons – La cuisine vaudoise sous l'Ancien Régime,* Editions d'en bas, Lausanne, 2002

Fatio O. und Nicollier B., *Comprendre l'Escalade,* Labor et Fides, Genf, 2002

Glarner Heimatbuch, Verlag der Erziehungsdirektion, Glarus, 1965

Grasdorf E., *Saanenland & Pays-d'Enhaut – Observations culinaires et autres entre Saanenmöser et L'Etivaz,* Union centrale des producteurs de lait, Bern o.J.

Gremaud M., *Fugue au Pays de Gruyère,* avec photographies de M. Imsand, Ph. Prêtre et F. Rausser, Nestlé, Vevey o.J.

Hauser A., *Vom Essen und Trinken im alten Zürich,* Berichthaus, Zürich, 1961

Holzherr G., *Die Benediktsregel – Eine Anleitung zu christlichem Leben,* Benziger Verlag, Einsiedeln, 1993

Iten K., *Vom Essen und Trinken im alten Uri – Ein fröhlicher Streifzug durch die Urner Küche,* Verlag Buchdruckerei Gamma, Altdorf, 1972

Kaltenbach M., *Ächti Schwizer Chuchi,* Hallwag Verlag, Bern, 1977

Kochkunst und Tradition in der Schweiz, Mondo-Verlag, Vevey, 1986

Lussi K., *Liebestrünke – Mythen, Riten, Rezepte,* AT Verlag, Baden, 2006

Niederer A., *Alpine Alltagskultur zwischen Beharrung und Wandel,* Verlag Paul Haupt, Bern, 1993

DANK

Der Mondo-Verlag und die Autorin danken allen, die mit Rat und Tat an diesem Buch mitgewirkt haben. Ein großes Merci gebührt auch den zahlreichen Verfasserinnen und Verfassern der Back- und Kochbücher, von deren Erfahrungsschatz wir profitierten. Die folgenden Personen und Institutionen haben uns besonders geholfen: Bäckerfachschule Richemont, Luzern; Andreas Jost, Landwirt, Wynigen; Erika Kamm, Landesarchiv des Kantons Glarus, Glarus; Rolf Gisler, Staatsarchiv, Altdorf; Elisabeth Pfluger, Volkskundlerin, Solothurn; Franziska Schürch, Kulinarisches Erbe der Schweiz, Basel; Martha Schnydrig-Pfammatter, Restaurant Salwald, Mund VS; Regula Stricker, Hauswirtschaftslehrerin, Stein AR; Madi und Toni Walker, Flüelen UR.

IMPRESSUM

Festliches Schweizer Gebäck • Rezepte und Traditionen aus allen Kantonen
Idee und Konzeption: Mondo-Verlag

Direktion: Arslan Alamir
Konzeptionelle, grafische und herstellerische Leitung: Pierre Du Pasquier
Grafische Ausführung: Nadège Anker

MONDO
Mondo-Verlag AG
Entre deux Villes 12, 1800 Vevey 1
Telefon 021 924 55 50
© 2006 by Mondo-Verlag, Vevey
Alle Rechte vorbehalten
ISBN: 2-8320-0526-8

Satz: Mondo-Verlag, Vevey
Druck, Bucheinband, Fotolitho: Musumeci, Aosta (I)
Papier: Offset 170 g/m²

CLAUDIA SCHNIEPER

(1949), Sachbuchautorin und Journalistin, lebt in Sion. Den Mondo-Lesern ist sie durch eine Reihe von Werken mit den Schwerpunkten Natur, Mythologie, Volkskunde, Geschichte und Architektur bekannt. Die kulinarische Entdeckungsreise durchs «Kuchenland» Schweiz führte sie über verschlungene Pfade auf bisher unbekanntes sowie längst vertrautes Terrain. Sie führte zu Menschen, die überlieferte Rezepte am Leben erhalten und ihr Wissen der Autorin großzügig zur Verfügung stellten, in Bibliotheken, Museen, Bäckereien, Konditoreien und Spezereiläden. Schließlich endeten die Ausflüge regelmäßig in der eigenen Küche, beim Backofen.

PETER JARAY

(1956), lebt und arbeitet als Grafiker, Designer und Illustrator in Zürich. Nach Abschluss der Kunstgewerbeschule (ZH) war er für verschiedene CI- und Werbeagenturen tätig. Zweiter Preis bei Plakatwettbewerb von Amnesty International (1993), sowie ausgezeichnet mit dem Merit Award durch den Art Directors Club, New York (1996). Gründung einer eigenen Agentur 1999. Seine große Leidenschaft gilt zudem der Malerei. Einer kunst- und architekturbegeisterten Familie entstammend, beginnt er zunehmend seinem Talent für Aquarellmalerei Ausdruck zu verleihen. Zahlreiche neuere Arbeiten legen Zeugnis ab für sein Können auf diesem Gebiet, so etwa die Illustrationen, die er für die Zeitschriften *Vinum* und *Wein + Fein* entworfen hat, sowie die Flaschenetiketten für die Fattoria Terrabianca, Toskana. Mit diesem Mondobuch illustriert er nun seinen ersten Bildband.